CONNECTED STRATEGY

Building Continuous Customer Relationships for
Competitive Advantage

连接战略

——

[美]
尼可拉吉·席格高
（Nicolaj Siggelkow）
克里斯蒂安·特维施
（Christian Terwiesch）
著

陈淑君　郑常青　译

机械工业出版社
China Machine Press

图书在版编目（CIP）数据

连接战略 /（美）尼可拉吉·席格高（Nicolaj Siggelkow），（美）克里斯蒂安·特维施（Christian Terwiesch）著；陈淑君，郑常青译. — 北京：机械工业出版社，2022.8

书名原文：Connected Strategy: Building Continuous Customer Relationships for Competitive Advantage

ISBN 978-7-111-71563-4

Ⅰ.①连… Ⅱ.①尼… ②克… ③陈… ④郑… Ⅲ.①企业管理 – 供销管理 – 研究 Ⅳ.①F274

中国版本图书馆CIP数据核字（2022）第182352号

北京市版权局著作权合同登记 图字：01-2021-7569号。

Nicolaj Siggelkow, Christian Terwiesch. Connected Strategy: Building Continuous Customer Relationships for Competitive Advantage.

连接战略

出版发行：机械工业出版社（北京市西城区百万庄大街22号 邮政编码：100037）

责任编辑：岳晓月

责任校对：张亚楠　王明欣

印　　刷：北京铭成印刷有限公司

版　　次：2023年1月第1版第1次印刷

开　　本：148mm×210mm　1/32

印　　张：8.625

书　　号：ISBN 978-7-111-71563-4

定　　价：79.00元

客服电话：（010）88361066　68326294

连接战略的魔力

连接战略可以帮助企业创造竞争优势。娱乐业巨头迪士尼深谙此道，并用实践阐释了这一全新趋势。部署连接战略的企业从根本上改变了它们与客户互动的方式，同时也改变了其商业生态系统中的伙伴关系。连接战略的核心在于将传统的、偶发性的与客户的互动转化为高频次、低摩擦和个性化的互动。

一直以来，迪士尼在游轮业务中坚持为小朋友组织小型游园活动。孩子们可以不需要家长陪同，自由玩耍几个小时，而平时压力大的父母也可以由此在游轮上获得一些私人时间。迪士尼一直将悉心看护孩子视为重任，因此，他们每30分钟就对游园活动中的孩子点一次名，但这不仅加大了员工的工作量，也打扰了孩子们的兴致。直到2005年，迪士尼启用监控设备来定位游园的孩子。该设备最初是在医疗领域开发使用，用来监控容易走失的阿尔茨海默病患者。戴上定位手环的孩子们，可以被准确识别其在游轮上的位置。

这是迪士尼全新的体验式产品，叫作MagicPlus（魔法腕带）。由于每个游客的位置可以被精准定位，迪士尼很快就开始探索如何进一步提升游客体验和提高运营效率。

新的运营策略很快就被广泛地应用到迪士尼的各个主题公园中。作为迎宾的一部分，迪士尼演员会扮成各种角色，与入园的孩子进行互动。在使用MagicPlus（后改名MagicBand）之前，扮演米老鼠或杰克船长的演员在迎接孩子到来时，对每个孩子的情况知之甚少。有了MagicBand后，米奇和杰克船长不仅知道每个孩子的名字，还知道他们之前去过哪些迪士尼主题公园。例如，六岁的雪莉去年在奥兰多迪士尼遇到过米老鼠，而今年是在阿纳海姆迪士尼，米奇"记得"他们的每一次见面，这对于孩子们来说是非常神奇的体验。

MagicBand不仅创造了更好的游客体验，改善了公园的运营，还降低了迪士尼的运营成本——从商业角度来看，这是不可思议的产出。从跟踪食品订单到处理游客投诉，从确认游客身份到查询游客之前与演员的所有互动，效率都大大提高了。此外，游客还可以通过MagicBand对人多的景点进行预约，大大缩短了他们等待的时间。这使得迪士尼在开门的那一刻就能引导人流并快速启动运营，增加了公园能够接待的游客数量，还保持了良好的游客体验。

连接战略在快速变化的各种场景中遍地开花。考虑到MagicBand的效率和成功，人们可能认为迪士尼会给每个主题公园都配置相同的设备，但事实并非如此。上海迪士尼开业时，并没有采用该战略。并不是说中国人不欣赏MagicBand，相反，在上海迪士尼开业时，一个更为高效的替代品出现了，而且几乎每个游客的口袋里都有这种神器——智能手机。配备了相应App的手机，能提供与MagicBand一样的所有信息和迪士尼访问权限。

迪士尼的故事以及本书中的案例表明，我们生活在一个全新的、连接改变经营的世界。作为企业高管，连接战略让你能够创造卓越的客户体验，同时显著提高运营效率。简言之，连接战略可以大大缓解传统企业在卓越客户体验与运营成本之间的冲突，采用连接战略的企业能够创造出强大的竞争优势。因此，它们的迅速崛起也催生了新的赢家。

连接正以令人目眩的速度发展。据估计，全球目前约有30亿部智能手机，这些手机堪比10年前的超级计算机。物联网将以前不能相互交流的系统变得可以即时互动，可穿戴式健康与健身跟踪器的精确度可以与传统的医疗设备相媲美，由人工智能驱动的推荐系统可以提供比人类还要快的见解。随着这些技术的进步，神奇的用户体验正在各行各业遍地开花。然而有趣的是，这些技术本身却通常被降级为配角。连接战略的关键创新在于其对企业商业模式的改造，详见下面四个例子。

亚马逊重新定义了零售商与顾客的互动。在过去，顾客一般需要列一个长长的购物单，然后开车去多家商店采购所需商品。现在，他们只需要告诉亚马逊Alexa要订购的食物、衣服或其他任何商品，这些商品会被很快送达，甚至在几个小时内就能送达。除了Alexa，亚马逊还推出了Dash Button（"一键下单"按钮），这是一款小型Wi-Fi设备，用户可以将其安装到冰箱、洗衣机或浴室梳妆台上，在瓶装水、清洁剂、卫生纸等即将用完时，只需按下按钮，就可以订购。

教材出版也在经历着根本性的变革。在过去，学生会购买或租用课本，阅读指定的章节（或者至少打算这样做），然后完成每章后面的习题，准备期末考试。现在，麦格劳 – 希尔高等教育集团（McGraw-Hill High Education）放弃了"书"这个用词，转而致力于销售数字化学习体验。这些书不仅完全数字化了，还是智能的！学生经过一个学期的学习，数字化技术会跟踪学生的阅读情况，并将数据反馈给教授和出版商。当一个学生在做作业遇到困难时，数字书会引导学生转到相关的章节，并根据实际情况提供完成类似作业的指导视频。每个学生获得的都是精心规划和定制的学习体验，而不是标准的教材。因此，教材出版商也正在超越它们的传统角色，变成了某种意义上的导师。

在过去，消费者每年可能会购买一双耐克（Nike）跑步鞋，但这种互动实际上是与鞋类零售商进行的，而不是与耐克公司。现在，消费者可以购买一个健康系统，该系统通过鞋子中内嵌的芯片、软件，分析他们最近的锻炼情况，建立他们与其他耐克跑步者的社交网络，以便获得更多支持。消费者每天都可以与耐克公司互动，而耐克公司也从鞋类制造商转型成了健康和健身服务供应商，还成了消费者实现运动目标的教练。

数百万消费者已经接受了可穿戴技术，并让苹果手表或 Fitbit 智能手环等设备跟踪他们的日常生活。一些极端的使用者，也被称为"量化自我"的群体，会测量他们身体各个方面的数据，从血糖水平到体重，从营养到睡眠周期等。当苹果设备比医生更了解一个患者时，这对医疗行业的影响将是巨大的。此外，许多数字传输系统正在将客户健康数据流与其电子病历集成。过去，患者和医生需要定期见面；现在，患者每天的体重、血压、用药依从性的变化都会通过可穿戴设备报告给医疗服务供应商，任何数据的异常都可以触发及时的干预。在该领域的先锋企业，如美敦力（Medtronic），已经走得很靠前了。一些植入式智能设备不仅能跟踪和传输健康数据，还能在检测到临床相关变量异常时自动进行干预。

你可能已经注意到，这些技术的发展有两个相同思路。第一，从根本上改变企业与客户的连接方式。相比过去偶发性的互动，企业目前正努力建立一种持续连接的方式，可以随着客户需求（甚至在客户意识到自己的需求前）提供服务和产品。换言之，企业与客户建立了连接关系。

第二，企业可以用更低的成本满足客户的广泛需求。亚马逊不再需要昂贵的零售场所；麦格劳－希尔提供的个性化、智能化的辅导课取代了昂贵的讲师；耐克的健康系统通过社交网络督促消费者运动，不再需要私人教练；植入式医疗设备通过自动干预节约了患者的住院成本。连接战略的潜力在于其能够提供极致的客户体验，同时还能使企业提高运营效率，降低成本。

鉴于其巨大的潜力，连接战略为大家提供了巨大的机会，但你当前和未来的所有竞争对手同样拥有这个机会！连接战略完全可以颠覆很多行业！当一个网约车平台的价值高于世界上最大的汽车公司时，人们往往会把连接能力视为威胁，而不是机遇。但是，几乎在所有的行业，潜在的颠覆性技术威胁都层出不穷，而且任何时候企业都可能受到来自十几家不同初创公司的挑战。什么样的企业才能笑到最后？哪些企业才是真正的颠覆者？

我们希望本书提供的框架和工具不仅能帮助你创建自己的连接战略，还能为你提供一个新的视角，让你能够区分技术炒作与真正的战略挑战。

什么是连接战略？哪些工具和框架可以帮助你搭建自己的组织框架？该框架将如何帮助你创建竞争优势？有什么样的案例值得学习？本书将一一道来。

目录 —— CONTENTS

前言　连接战略的魔力

第1章　连接战略框架　/1

第一部分 |

连接战略的回报 ——————

第2章　客户体验与成本之间的平衡　/22

第3章　工作坊1：使用连接，以更低的成本提供卓越的
　　　　客户体验　/54

第二部分 |

建立连接的客户关系 ———————————

第 4 章　识别、诉求和响应：建立连接的
客户体验　/ 66

第 5 章　重复　/ 93

第 6 章　工作坊 2：建立连接的客户关系　/ 127

第三部分 |

创建连接的交付模型 ———————————

第 7 章　设计连接架构　/ 150

第 8 章　连接战略的收入模型　/ 180

第 9 章　连接战略的技术基础设施　/ 205

第 10 章　工作坊 3：创建连接的交付模型　/ 227

结语　抓住连接战略的潜力　/ 241

参考文献　/ 244

第 1 章

连接战略框架

要了解连接战略，最好从了解传统商业模式下的客户与企业之间的关系开始。传统商业的互动一般始于客户意识到他们有一个未被满足的需求。例如，看米老鼠和乘坐过山车的渴望、掌握财务会计技能的梦想或者在夏天到来之前健身的冲动等。然后，客户会想办法满足这些需求。例如，在亿客行（Expedia）网站上浏览主题公园，在巴诺书店（Barnes & Noble）找相关的财务会计书籍，以及向朋友或健身教练咨询铁人三项的训练。

在某种程度上，客户在获得相关咨询和知识后，激发了行动——掏钱买单。例如，订一张迪士尼乐园的门票，买一本昂贵的教材，或者报名参加为期一周的训练营。这便是传统的交易，中间存在相当大的摩擦：客户花费大量的精力来搜索、寻求和接受他们想要的产品或服务。企业却安静地待在交易的另一端。没错，企业的营销可以影响客户的购买，但它们与客户的连接有限。两者之间的这种偶发性互动仅在客户下单后才开始，在产品交付时结束。

在传统的互动中，企业致力于提供高质量、低成本的产品和服务。这在偶发性销售的模式下可以做到更好，但由于缺乏与客户的深层次联系，无法做到极致。该偶发性互动通常需要客户投入大量的精力去寻找能满足需求的方案，然后重新购买产品或服务。此外，在客户"想要的"和企业能"提供的"之间往往存在巨大差异。这种差异可能是暂时的（客户需要等待），也可能是无法调和的。

企业如果能将偶发性互动转变为相互连接的关系，便能克服上述不足。回头看看 MagicBand 的魔力。过去迪士尼与游客的互动有限，仅发生在固定的场景，如游客购票、餐厅点餐时。现在，MagicBand 上的传感器可以全方位跟踪游客并与之互动，不仅方便了游客订购和接收芝士汉堡或纪念品，还可以通过向游客提出建议来定制个性化体验。

之前麦格劳 - 希尔也差不多如此，仅在销售图书时与读者互动，甚至和耐克一样，需要通过零售商间接地与客户产生联系。如今，读者在看书或解决一个实际问题时，就会与麦格劳－希尔建立起一种联系，使出版商能够了解读者，策划相关产品，并在学生陷入困境时提供指导。在医疗保健领域，连接战略将医患关系从每隔几个月的偶发性接触，转变为从患者到护理团队的实时数据互动，从而防患于未然，使病情在加重之前得到控制。

企业与客户的关系从偶发性互动转变为一种连接关系，将主题公园变成一种神奇的体验，将图书出版商变成了学习旅程的创造者，并将医院系统改造成积极主动的护理组织。连接关系创造了更高的忠诚度和利润。

连接战略不会自然而然地发生，它需要精心设计。这需要满足两个关键要素：连接的客户关系和连接的交付模型。连接的客户关系能够取悦客户，连接的交付模型可以让公司以低成本创建这些关系。每一种连接的客户关系和交付模型都是战略选择的结果，遵循数个设计维度，如图 1-1 所示。

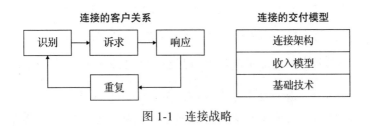

图 1-1　连接战略

3

连接战略的核心是企业与客户之间的连接联系。关于连接的客户关系的四个维度，我们可以用 4R 来表示。首先是需求识别（recognize），在客户对公司的信息流中，任何一方都可以识别客户的需求。一旦需求被确认，客户或公司就会确定一种能够满足这种需求的产品或服务，继而引出对所需选项的诉求（request）。接着触发企业做出响应（response），创造出个性化、低摩擦的客户体验。通过与客户的频繁互动，企业能够从与客户的互动中不断完善"识别—诉求—响应"的重复（repeat），并将偶发性互动转化为与客户真正的连接。

如何以低成本、高效率的方式建立连接客户的关系，企业需要建立连接交付模型。交付模型涉及三个关键战略决策。首先，企业需要决定与谁连接。在其生态系统中，供应商、客户和企业自身之间需要建立什么样的连接，我们称之为连接架构。其次，企业需要决定资金在连接架构中的流动模式，使其可打破客户满意度与效率之间的平衡，并将其价值变现，即必须设计一个收入模型。最后，企业需要做出一系列技术选择，为连接战略提供便利，我们称之为基础技术。

本书旨在帮助你理解连接战略，并部署自己所在组织的连接战略。本书分为三个部分：第一部分详细展示连接战略如何打破现有的客户满意度与效率之间的平衡；第二部分介绍如何建立连接的客户关系；第三部分描述如何创建连接的交付模型。每部分都以工作坊的章节结束，工作坊中提供的练习已经经过高管教育受众的测试和完善，而这些工作坊将有助于你评估企业当前的活动，并创建自己的连接战略。

以下就本书的三个部分做简要介绍。

第一部分：连接战略的回报

第 2 章 "客户体验与成本之间的平衡" 将提供数个案例，说明连接战略如何打破客户满意度与效率之间的平衡——这是传统的战略规划框架的基础平衡。主题公园通过跟踪游客、出版商通过出售智能图书、医院通过监控病人的健康，打破了传统的 "满意度即高投入" 的框架。连接战略的意义是以低成本为客户提供更高的价值。

第 2 章将解释时下杂货零售行业的创新，包括送餐服务、增强现实（AR）展示、无人商店等，是如何提高客户满意度和效率的。

第 2 章将用网约车行业的案例，如优步（Uber）和来福车（Lyft）等，详细分析网约车公司对比传统出租车公司，如何以更低的成本改善了乘客体验。首先，网约车公司通过连接乘客与司机，创造了驾驶服务市场；其次，创造了由供求关系决定价格的灵活机制，保证司机有动力随时随地提供服务。需求与供应的动态匹配需要新的连接形式，它比一个人走上街头叫出租车或致电脾气火暴的调度员要好得多。因此，一旦连接到位，可以更有效地利用资源。

第 2 章的最后部分将讨论连接战略带来的竞争优势，并反思在连接战略情景下数据安全与隐私保护的重要性。

第 3 章"工作坊 1：使用连接，以更低的成本提供卓越的客户体验"，将提供一系列工作表，为你开启创建连接战略的大门。

第二部分：建立连接的客户关系

第二部分将深入分析如何与客户建立相互"连接"的关系，即通过丰富的数据交换建立高频次、低摩擦和个性化的互动，取代偶发性互动。

其中，第 4 章"识别、诉求和响应：建立连接的客户体验"，介绍连接关系的前三个维度。识别维度指客户和公司之间的信息流所带来的客户需求的识别。该章将详细讨论产生信息流的各种方式，可能由客户发起，也可能是自主生成的。一旦信息流抵达企业，企业就需要解释并转换（或者帮助客户转换）为所需选项的诉求。最后，公司需要对此做出响应，并以低摩擦的方式满足客户需求。这种企业与客户的充分互动创造了一种相互"连接"的客户体验。我们的研究认为，一共有四种不同类型的连接客户体验，分别是响应诉求、量身定制、打卡监督、自动干预，并从前言中提及的例子来逐一分析上述四种类型的连接体验。

亚马逊的案例可以称为"响应诉求"式的连接体验。一旦顾客表达了诉求，亚马逊会马上做出响应。在迪士尼，MagicBand 的关键功能之一是响应诉求。无论游客想搭便车、买一个芝士汉堡，还是打开酒店房间，只要刷一下 MagicBand 就可以了。

麦格劳 – 希尔教材的案例阐释了"量身定制"式的连接体验。通过与客户多次互动，企业可掌握客户的需求。有了这些认知和信任，企业将与客户共同寻找解决方案，客户不用再孤身奋斗。例如，麦格劳 – 希尔不仅帮助学生解决关于公司估值问题，而且当发现学生仍在苦苦计算净现值时，会要求学生重温之前的内容。

制定连接战略的企业通常会创建多种连接体验。在迪士尼的例子中，MagicBand 显然不仅仅创造了响应诉求的体验。有了 MagicBand，游客可以告诉迪士尼她不再想乘坐魔术山，而希望（或者说迪士尼从过去的经验中知道）在接下来的两个小时里体验一次动感单车和一顿美味大餐。然后，迪士尼会根据这些信息，为游客创建个性化的行程。迪士尼甚至可以定制不同游乐设施的体验。例如，一名游客在迪士尼的一款电子游戏中创建了个人头像，那么在"加勒比海盗"之旅中游客可能会看到自己的头像出现在"通缉犯"海报上。

我们将第三种连接的客户体验称为"打卡监督"。像耐克这样的企业尝试帮助顾客改变行为，使之朝着更好、更聪明或更健康的方向发展。耐克并不强迫你经常跑步，但它可以帮助你实现健康目标。同样，智能教材中的虚拟导师会说："杰里米，你还没有完成本周的学习任务。"就像你连续在办公座椅上坐几个小时，你的可穿戴设备就会震动提醒你休息一样。

医疗服务商提供了"自动干预"的案例，连接设备的患者可以得到提前干预，而不用等到病情恶化甚至需急救时，而植入式医疗设备也能采取独立干预行动。心率监护仪在患者心律失常的那一刻会联系心脏病学家进行咨询。主题公园的一些摄像头可以自动给游客拍照，并创建相册发送给游客，游客甚至对此都不知情。与许多连接战略一样，这些深层次的连接会引发隐私问题，很多时候处在灰色地带。我们将在整本书中探讨这些问题。需要明确的是，我们并不认为这是所有连接的客户体验都会产生的问题。

可以看出，客户的个人体验创造了很多价值，一旦企业能够重复这些互动，客户体验未来将会有实质性改进。制定连接战略的企业有能力将客户体验转化为与客户的连接关系，这是企业创造竞争优势的关键。该转化在第 5 章"重复：建立客户关系，创造竞争优势"中有详述。

我们有理由相信，许多连接的客户体验将成为未来的赌注。这就是为什么"重复"维度如此重要。通过重复，企业能从现有的互动中学习，以塑造未来的互动，从而创造出可持续的竞争优势。"重复"维度可以帮助企业进行两种形式的学习。

首先，在特定客户的层面上，企业学习如何将企业现有的产品和服务与客户需求相匹配。迪士尼了解到某游客似乎更喜欢冰激凌而不是薯条，更喜欢戏剧表演而不是游乐设施，因此它能够为她创造一个更愉快的行程。麦格劳 – 希尔了解到杰里米在计算复利时很吃力，于是将他引至刚好覆盖这个知识点的章节。网飞（Netflix）了解到文卡特更喜欢政治讽刺片，便提出更中肯的建议，向他推荐他喜欢的电影。

其次，在特定客户之外，企业可以在人群层面进行学习，继而调整现有的产品和服务组合。迪士尼了解到，对冷冻酸奶的总体需求正在增加，因此它要增加售卖冷冻酸奶的摊位。麦格劳 – 希尔了解到许多学生在计算复利时遇到困难，因此它改进了关于这个课题的在线教育模块。网飞观察到许多观众喜欢政治题材的电视剧，因此它发行了更多这类电视剧。此外，大众需求的学习可以使企业比任何供应商更了解客户，从而使企业能够创造新的产品和服务。有了更深入的客户洞察，麦格劳－希尔的内容制作人可以增加新的教学体验，网飞也可以进入电影制作领域。

在一段时间后，两个层面的学习还可以产生另一个非常重要的影响：企业能够满足客户更基础的需求。麦格劳－希尔可能会明白，它的读者不仅想学习财务会计，实际上还想在华尔街成就一番事业。耐克可能会发现，某个跑步爱好者不仅对保持健康感兴趣，还想参加马拉松训练为自己的第一次比赛做准备。企业习得这些知识可以获得新机会，创造更广泛的服务，并形成企业与客户之间的信任关系，这种关系很难被竞争对手打破。建立这些信任关系，需要以透明和安全的方式使用客户数据，这是第 5 章结束部分将要讨论的主题。

第 6 章"工作坊 2：建立连接的客户关系"是对本书第二部分的总结，即指导企业如何通过一系列练习来建立连接的客户关系。

第三部分：创建连接的交付模型

一旦有了设计连接关系的想法后，接下来的问题便是如何以更高性价比的方式实现这种关系。这需要创建连接的交付模型。该模型包含三大部分，第 7 ～ 9 章将详述。

专栏 1-1　　　　　　　　　本书缘起

　　我们不仅在沃顿商学院的 MBA 和高管教育项目中授课，同时还担任麦克创新管理研究所的联合主任。在过去几年里，新兴企业和现有企业通过从根本上改变与客户的连接方式来颠覆行业规则的案例层出不穷，我们开始思考这些企业的成功法则。与此同时，越来越多的企业高管加入沃顿商学院高管教育项目，学习如何运用这些法则来为自己的企业创造机会。因此，我们帮助高管了解物联网、共享经济、平台战略、深度学习、金融科技（金融技术）等领域的知识，同时为他们提供创建连接战略的工具包。在与高管和 MBA 学生的数百次交流中，我们的想法得到了凝练和完善。他们所分享的经验和曾遇到的挑战是我们开发连接战略框架的重要反馈资料。现在，你手上的书便是我们总结与思考的结果。

　　与任何研究一样，我们是站在巨人肩膀上的。迈克尔·波特长期研究互联网和新技术对战略的影响，他的研究成果让我们受益匪浅；亚当·布兰登勃格、哈伯恩·斯图尔特和巴里·奈尔伯夫的研究对第 2 章关于价值和支付意愿的讨论至关重要；伊恩·麦克米兰和丽塔·G.麦克格兰斯的研究是第 4 章讨论客户体验的基础；安德鲁·麦卡菲和埃里克·布林约松关于技术对企业和社会的影响的富有洞察力的研究，一直激励着我们；最后，我们受到了我们的朋友、同事和合著者戴维·阿施和凯文·沃尔普的启发，他们对非住院患者所做的开创性工作影响了我们对连接的客户关系的认知。当然，还有许多人带给我们思考和启发。希望深入钻研相关学术和应用文献的读者，可以查看本书最后的参考文献。

第 7 章"设计连接架构"阐述了企业如何重塑其生态系统中各角色的连接关系。优步和来福车等网约车公司为过去未曾连接的两个群体（车主与乘客）建立了连接关系。这种价值链的整合有它独特的优势，不过也有许多别的替代方案。在移动领域，戴姆勒公司创建了自己的汽车共享品牌car2go，在制造商和租车者之间建立起直接连接。另一家汽车共享服务公司 Zipcar 则建立了与汽车制造商和租车者的连接，因为它必须先购买汽车，然后才能出租汽车。此外，拼车服务商 BlaBlaCar，则运营一个司机之间点对点的网络：司机们在有空位时可以互相提供拼车服务。

在实施连接战略时，你需要判断有多少客户体验产生于企业内部，有多少客户体验需要借助于生态系统中的其他合作伙伴。此外，你还可能需要在你的生态系统的参与者之间建立新的连接。第 7 章将为你的这些决策提供指导。正如我们将看到的，有五大跨行业的通用连接架构：

- 连接的生产商；

- 连接的零售商；

- 连接的做市商；

- 人群协调者；

- 点对点网络创建者。

第 7 章将详细描述以上每一种连接架构。通晓了上述架构，你便可以为企业做出正确的选择。

此章将介绍连接战略矩阵。该矩阵是个非常有价值的框架，可对行业内竞争对手的各种活动系统地进行分类；同时它也是一种创新工具，可以为你的连接战略创造新的想法。

专栏 1-2　　　　连接战略 vs. 平台战略

过去几年我们见证了所谓的平台战略的巨大成功。连接战略不同于平台战略，事实上，你可以通过连接战略创造价值，而不需要成为一个平台。

平台业务不直接为客户提供产品或服务。相反，它们的重点是将提供产品或服务的生产商与消费者连接起来。例如，优步并不拥有汽车，但它将司机、汽车与出行的乘客连接在一起；苹果应用商店最初不销售苹果的软件，但它将开发人员、软件与有需求的客户连接在一起；爱彼迎并不拥有房产，而是将房东与租客连接在一起。

实际上，平台真正服务的是两类客户：首先是那些提供在平台上交易的产品或服务的人，比如应用程序开发人员、司机和房东；其次是那些消费这些产品或服务的人，比如智能手机用户、乘客和租客。平台需要同时吸引这两个市场的客户，这就是为什么平台通常被称为"双边市场"。如果说一个平台成功了，往往是因为平台可以提供支付渠道、帮助客户建立信任和为其解决纠纷，并向市场提供流动性，从而吸引到足够多的客户来加入该平台。反之亦然。

尽管平台在很大程度上依赖连接性，也是连接战略框架的重要设计元素，但平台战略和连接战略在以下几个重要方面有所不同：

- 平台是连接架构的一种特殊类型。连接战略包括建立连接的客户关系，例如，迪士尼与游客建立了紧密的联系，但我们大多数人不会将迪士尼称为一个平台。

- 随着平台的成功（和大肆宣传），"连接架构"这个术语不幸地变得相当模糊，并被应用于许多不同的模型。正如第 5 章所述，平台实际上是几个不同连接架构的总称。当平台公司亚马逊通过自建仓储式量贩卖场开展销售活动时，涉及高达数十亿美元的房地产、物业和物流等固定资产，而当亚马逊在网络交易平台上销售时，这些资产都不涉及。这是非常不同的商业模式！与之类似，虽然爱彼迎和 Facebook 都是平台，但前者连接客户（房东）与个人（租客），而后者连接非商业交易的个体。这些都是不同的连接架构，需要不同的收入模式。

● 在大多数平台上，客户和供应商之间主要是交易关系，交易提成是平台的主要收入模式。相比之下，连接战略的最终目标是将偶发性交易转化为长期客户关系，从而避免交易定价不准确。

总之，平台和平台战略与连接战略相关，它们是连接战略中的一个元素。连接性除了形成双边市场，还让其他形式的价值创造成为可能，连接战略的目标是好好利用连接性。

第 8 章 "连接战略的收入模型" 为连接的交付模型新增了一个设计时需考虑的元素：收入模型。某些连接战略可以沿用传统的收入模式。例如，迪士尼的主题公园仍然从门票、餐饮、纪念品和园内小门票中获取大部分利润。相比之下，虽然 Niantic 与任天堂也是通过虚构角色为客户创造令人惊叹体验，但盈利方式却有所区别。在 Niantic 与任天堂联合发布的游戏《精灵宝可梦 GO》中，用户通过 AR 技术把任何地方变成虚拟主题公园，从而可以随时随地免费参与游戏，并与其他 6000 万活跃用户产生连接互动。Niantic 通过手机应用软件内的游戏升级和企业赞助来获得利润,赞助企业(如星巴克和麦当劳)会在店内设置游戏场所吸引客户。

技术进步让连接战略变得经济可行。每个客户都希望得到可以满足自己个性化需求的服务,而企业如何才能以合理的价格提供这样的服务?日新月异的科技发展,从数据的收集、传输、存储到分析,以及制造和物流等,让连接战略成为可能。第 9 章"连接战略的技术基础设施"将逐一介绍这些最新技术,并结合连接关系的设计,进一步确定关键技术,并系统地明确这些技术中哪些可以推进连接战略。

最后,第 10 章"工作坊 3:创建连接的交付模型"将提供一系列练习和工具,帮助读者一方面构建自己的连接战略,另一方面更好地了解整个行业。

上述概念可帮助我们正式定义连接战略。连接战略是一系列运营和技术选择,它可以从根本上来改变:

- 企业连接客户的方式,即企业通过实施"需求识别—提出诉求—做出响应—重复操作"模型来连接客户,将偶发性连接转变为低摩擦、高度定制的持久连接。
- 企业连接生态系统中其他合作伙伴的方式,以及随之而来的经济价值。

专栏 1-3　　　　　　　企业对企业连接战略

连接战略在 B2B（企业对企业）、B2C（企业对客户）的交易中同时兴起。罗尔斯－罗伊斯（Rolls-Royce）从一个简单的飞机发动机销售商转变成业务更广泛的服务供应商，便是通过更深层的连接性来实现的。目前，飞机发动机都装有传感器，可产生庞大的数据，罗尔斯－罗伊斯就是根据这些数据精确地了解发动机内各个部件的情况。过去，燃油泵等部件是按照固定时间更换的，现在罗尔斯－罗伊斯可以根据泵的状态决定更换时间。这将大大降低成本，相比过去要么提前更换尚能继续工作的泵，要么未能及时更换状态不佳的泵而造成航班延误，这种预防性维护的能力使得罗尔斯－罗伊斯的收入模型从销售发动机变为销售飞行时间，从而使企业和客户获得了双赢。此外，通过回收退役的发动机，罗尔斯－罗伊斯确切了解每个部件的性能，继而把回收的 50% 的材料用于制造新部件，有效降低了制造成本。罗尔斯－罗伊斯通过在客户层收集数据，进一步提升了洞察力。例如，一个清洁的发动机消耗的燃料较少，但清洗成本较高。根据机舱数据，罗尔斯－罗伊斯能够确定每台发动机的最佳清洗时间。最后，通过其他数据源，如技术日志、飞行计划、预报及实际天气数据，罗尔斯－罗伊斯能够为客户提供提高燃油使用率的方案，比如改进飞行计划。通过连接战略，罗尔斯－罗伊斯在提高自身效率的同时，也向客户提供了新的价值。

本书使用指南

也许你阅读本书不只是为了消遣，而是为了思考你的企业与客户和供应商之间的连接关系。这就是我们将本书定位为通俗读物而非教材或学术论文的原因。本书的主要目的就是帮助企业设计自己的连接战略，从而创造竞争优势。

本书每一部分结束时，都以工作坊的形式帮助读者应用所有框架。每个工作坊都提供了工作表和指导性问题，这些内容已经在大量高管教育项目中使用过。你可以单独学习，或者鼓励团队成员和其他利益相关者一起参与到工作坊中。

本书的支持网站 connected-strategy.com 提供了更多关于如何运作自己工作坊的信息。该网站还提供了工作坊学习进度建议、练习和小组作业的模板，同时还提供了工作表的示例，这些示例在应用本书介绍的工具时非常有用。最后，该网站还提供了数十个由各行业高管主讲的播客，从咨询到教育、从银行到安全服务，内容丰富，应有尽有。

为阐明我们的理念和框架，本书使用了全球许多企业的案例，希望这些案例能给你的企业带来灵感。同时，我们想澄清一下，我们并不奢望本书提到的所有企业都能在各自的行业中成为赢家。坦率地说，如果它们都成功了，我们会非常惊讶。在变幻莫测、持续发展的连接战略的世界里，赢家和输家不断更迭。我们相信本书观点的影响力，但我们并不为特定的企业提供投资建议。

无论你是试图颠覆现有行业规则的"新秀"，还是试图捍卫商业领地的"在位者"，不管你是在 B2C 领域，还是在 B2B 领域，我们相信连接战略将在你获得竞争优势的过程中起到关键作用。就算你不会考虑连接战略，但你的对手可能会考虑！

CONNECTED STRATEGY

第一部分

连接战略的回报

第 2 章 —— CHAPTER 2

客户体验与成本之间的平衡

每个行业中的企业都需要平衡客户体验的质量与成本之间的矛盾。在飞机上增加一杯香槟，座位间增加伸腿空间，可以让旅行感受变得更好，但也增加了成本。特斯拉 85 千瓦时电池可以让电动汽车续航能力更强，但它的成本也比日产 Leaf 30 千瓦时电池更高。一家提供个人礼宾服务的酒店所带来的客户体验，要比态度欠佳的前台分发当地地图强太多。简而言之，卓越的客户体验以更高的履行成本为代价。怎么改变这种情况呢？

本章探讨连接战略的基本原理：通过与客户建立更深层次的联系，以及与行业中各参与者建立新的联系，企业可以创建新的商业模式，重新定义客户体验与成本之间的平衡。为了阐述我们的观点，先来看看杂货零售和网约车行业的案例。

效率前沿

为了了解连接战略如何彻底颠覆传统的成本与质量之间的平衡，我们先来看看超市。这个产业在美国、印度和中国分别有 6000 亿美元、5000 亿美元和 7000 多亿美元的体量。山姆，一个典型的购物者，正在考虑他每周的购买乳制品、肉类和蔬菜的行程计划。通常来说，山姆有三种选择：当地农贸市场，西夫韦、乐购这样的连锁超市，以及阿尔迪这类折扣超市。什么因素会影响山姆的选择呢？也许对山姆来说，他的幸福感很大程度上受产品质量的影响。例如，在农贸市场，农产品是有机的，肉是新鲜的，奶制品产自快乐的奶牛。除了产品属性（如有机与非有机），其他因素也会影响顾客的幸福感。有很多方法可以让顾客满意，也有很多痛点会削弱顾客体验。例如，顾客需要长时间驾车去购物，还是可以步行到那里？如果开车，是否容易找到停车位？找到所有想买的物品需要多长时间？付款需要多长时间？这样的例子不胜枚举。

有许多维度会影响客户对产品或服务的喜爱程度，包括性能、功能、定制化、可获得性、等待时间、易用性等。我们把所有这些整合成一个分数（把它看成一个平均分），并把这个分数标记为客户的"支付意愿"。你越喜欢的东西，你愿意为之支付的价格就越高。经济学家通常用的"客户效用"这个概念，说的是同样的意思。区分客户对特定产品的支付意愿和客户实际为该产品支付的价格是非常重要的。特定产品的价格不仅取决于客户对该产品的支付意愿，还取决于竞争对手为其产品所创造的支付意愿以及其定价。

为了吸引顾客，企业希望提高顾客的支付意愿。但有一个反作用力——创造和实现该顾客体验的成本，我们称之为"履行成本"。产品的质量越好，或者店面位置越方便，实现这种顾客体验的总成本就越高。我们可以通过图来形象地展现这种平衡，纵轴表示顾客的支付意愿，横轴表示企业的履行成本，如图 2-1 所示。在图中，我们绘制了山姆的三个杂货店选项。农贸市场位于图的左上角，顾客对其有较高的支付意愿，但农贸市场的履行成本也非常高，因为小型农场在生产或分销方面没有实现规模经济。当我们在履行成本轴上从左向右移动时，成本会下降。因此，折扣超市阿尔迪位于右下角，成本很低，但对于这种选择，顾客的支付意愿也很低。超市介于两个极端之间。

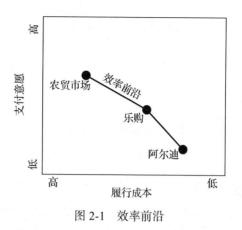

图 2-1　效率前沿

　　图中的点代表公司，当我们把支付意愿和履行成本都
高的两点连接起来，我们就会得到这个行业当前的"效率
前沿"。因为这条线上的公司在给定的成本水平下，最大限
度地提高了它们为顾客创造的支付意愿。相反，对于某一
水平的支付意愿，这些公司已经将创造这种支付意愿所需
的成本降至最低。不在效率前沿的公司将处于非常不利的
地位。它们面临的竞争对手要么在承担相同成本的情况下，
可以创造更高的支付意愿，要么可以以更低的成本创造相
同的支付意愿。不管是哪种情况，竞争对手都能够为顾客
提供更好的交易：无论是相同价格的优选产品，还是相同
产品的较低价格。效率前沿还表明，企业面临着一种权衡：
一旦企业达到现有的效率前沿，更高的成本才能带来更高
的支付意愿；或者相反，降低成本将导致降低支付意愿。

推进效率前沿

尽管电视上有无数的烹饪节目，但大多数发达国家的消费者在做饭的过程中已经没了胃口。这带来了全新的产品品类，在互联网和低运输成本的支持下，包含定制分量餐食配料的食材盒能够直接送抵客户家门口。在美国，蓝围裙（Blue Apron）最早占据了这一细分市场，因此它在2017年的IPO中获得了近20亿美元的估值。创始于德国的Hello Fresh在这个市场已经超越了蓝围裙。最近，沃尔玛和艾伯森（Albertsons）等连锁超市也进入了这个市场。而且，你可能猜对了，只要能在网上赚钱，亚马逊也不甘落后——该公司现在已经通过Amazon Fresh销售半成品食材盒。

正如在本书中看到的任何案例一样，我们不是在为某个公司背书，你也不需要因为本书决定你要购买的下一只股票。自IPO以来，蓝围裙一直在财务上挣扎。本章稍后讨论的优步也面临着法律和财务方面的挑战。无论这些公司可能发生什么，我们相信基于"订购"的半成品食材盒、网约车项目将会持续下去。蓝围裙和优步都面临着激烈的竞争，这对它们作为单个公司来说是艰难的，但也表明了新创建的细分市场的活力，从而突出了它们的连接商业模式的潜力。我们将在本章的最后更多地讨论连接战略和竞争优势。

像蓝围裙这样的公司是如何运作的？注册并订购蓝围裙的客户会被要求指定他们的喜好。从那以后，每个星期蓝围裙都会给客户寄送一盒食材和菜单。蓝围裙一般直接从较小型家庭农场采购可持续的农产品。蓝围裙提供的所有肉类和海鲜都不含激素和抗生素。很多时候，蓝围裙还包括一些不是很知名的食材，比如童话茄子或粉色柠檬。蓝围裙的农业生态学家会在作物轮作、种植日期、植物间距和害虫管理等方面给农民建议，以便他们能够培育不寻常的农产品品种，从而获得更大收成和践行可持续的耕作模式。

为什么这么多客户注册这项服务？因为产品的高品质和来源的可持续使其与农贸市场的产品相媲美。此外，蓝围裙通过减少客户购买过程中的麻烦，提高了客户的支付意愿。客户没有必要花时间寻找食谱，制作购物清单，开车到几家商店找想要的产品，或者排队等着付款，冰箱里也不再有变质的剩菜。除了这些优势之外，顾客还可以学习使用他们可能没有用过的、在商店中很难找到的新型食材，来烹制独特的餐点。总之，许多客户的支付意愿有所增加。

那么履行成本呢？尽管它很方便，但与传统的农贸市场相比，蓝围裙的履行成本更低。这种成本优势的部分原因源于其庞大的规模，特别是与传统农业合作社相比。例如，对于一些食材，比如童话茄子，蓝围裙几乎购买了整个市场的供应。

就零售业务而言，蓝围裙的订购模式使公司能够高度准确地预测需求，这减少了蓝围裙的多余库存。蓝围裙不用担心缺货的问题，而这正是经营超市遇到的主要麻烦之一。如果鳄梨稀缺，该公司可以改变一周的食谱，客户可以用芦笋代替。

这些预测也让公司可以帮助农民有效地管理自己的生意。蓝围裙经常会购买农民的全部作物，比起农民自己卖出产品的价格随着市场需求的变化而波动，他们在蓝围裙可以获得一个更可预期的收入。最后，蓝围裙消除了供应链中的两个环节——从仓库到杂货店的运输，以及杂货店零售点的零售，从而消除了在房地产、公共设施、保险和其他方面的成本。通过定制服务，蓝围裙推动了客户的支付意愿。与此同时，通过在农民和客户之间建立新的连接——连接架构（我们在第 7 章中也称之为"连接的零售商"），蓝围裙也能够降低其履行成本。总之，蓝围裙已经推动了效率前沿，如图 2-2 所示。该图中的虚线对应蓝围裙的竞争优势，这些优势来源于其连接战略。

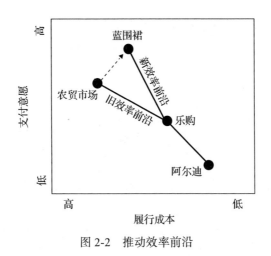

图 2-2　推动效率前沿

　　其他连接战略已经出现在杂货店领域，为这个行业创造了一个全新的效率前沿。考虑一下提供当天送货服务的生鲜杂货配送平台 Instacart。Instacart 专注于一个特定痛点——购物本身。Instacart 在需要食品杂货的客户与个人代购之间建立了新的连接，它创建了一种连接架构，我们将称之为"人群管弦乐"（crowd orchestrator）。使用 Instacart 应用程序，客户几乎可以在当地一系列的商店虚拟购物，包括杂货店、宠物用品店和药店，然后代购会前往这些商店，取走客户所订购的商品。送货可以一个小时内完成，也可以设定为客户期望的时间。这项服务通过节省客户的时间来提高他们的支付意愿。由于代购可以同时为多人购物，因此购物效率更高，成本更低。如图 2-3 所示，Instacart 被广泛应用的主要成果也是效率前沿的转移。在这种情况下，与其说它降低了履行成本，不如说它提高了客户的支付意愿。

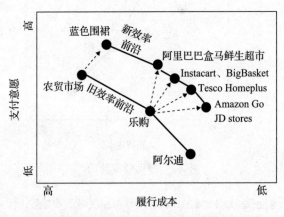

图 2-3　杂货行业的新效率前沿

在全球范围内，很多公司正在用连接战略来"做实验"，期望通过改善客户体验来降低履行成本，提高支付意愿。在印度，一些杂货电商平台，如 BigBasket，像雨后春笋般涌现。客户通过应用程序可以订购包括新鲜水果和蔬菜在内的两万多种商品，并享受送货上门的服务。对于小件的生活必需品，送货时间通常只需 90 分钟。因为购物效率提高，顾客的支付意愿也增加了，BigBasket 不必投资于昂贵的实体店。

在韩国，杂货零售商乐购（Tesco，总部设在英国，但在全球拥有众多分店），尝试用创新的方式在新环境中吸引客户。乐购面临的挑战是，如何将商品推销给那些白天没有时间逛商店的年轻白领。乐购决定在年轻人经常出入的地铁站，利用智能手机的高普及率来接触到他们。通过使用真人大小的、呈现了杂货店货架上摆放的产品的海报，乐购在地铁站的墙上创建了虚拟商店。顾客感觉自己站在真正的货架前。海报上的商品显示了二维码，地铁顾客可通过乐购的 Homeplus App 进行扫描。送货通常安排在同一天，以便客户下班回到家就能收到货。

通过其 Homeplus App，乐购创建了响应需求的关系，使购物和接收商品更容易。此外，商品海报也提醒了客户在等待地铁的碎片时间里购买商品。通过简化购物流程，乐购提高了没时间去实体店购物的客户的支付意愿。它不仅增加了销售额，也省去了店铺租金。综上所述，我们可以看到，乐购的 Homeplus App 有效地推动了效率前沿。它提高了人们的支付意愿，同时也降低了成本（见图 2-3）。

在中国，阿里巴巴经营的盒马鲜生超市的数量与日俱增。通过使用盒马 App，客户可以在家购买新鲜食物，由厨师做好，然后将其送到家中。所有一切可以在 30 分钟内完成。对于其他杂货，店内购物者填写好订单，将购物袋放在传送带上，由传送带将其运送到商店附近的送货中心。如果客户喜欢到店自己选购食物，特别是新鲜的海鲜，她会发现每个商品都有一个可扫描的条形码，可以看到价格和商品信息，包括产地，甚至这个商品背后的故事。客户使用支付宝在柜台结账。随着时间的推移，盒马 App 可以了解客户的偏好，从而能推出更多的定制产品。

其他购物创新还包括根本没有结账柜台的商店。取而代之的是，摄像头追踪客户，并自动对他们从货架上取下的商品进行结算。亚马逊旗下的 Go 商店和中国的京东都在尝试这种创新。通过减少结账麻烦来提高客户的支付意愿，同时通过降低人工成本来降低总成本。

正如我们的全球购物之旅所揭示的那样，杂货零售商面临着在顾客支付意愿与履行成本之间的权衡。成功的零售商不应该接受现有的平衡，而应该打破它。

交通行业的新效率前沿

为了更详细地了解连接战略如何打破传统意义上的成本和质量之间的平衡，让我们从零售领域转向交通领域，深入探索网约车行业。从中东的 Careem、印度的 Ola、马来西亚的 Grab 和俄罗斯的 Yandex，到美国的优步和来福车，这些公司已经从根本上改变了人们的出行方式。

专栏 2-1　　　**帕累托优势和效率前沿的转移**

如果一个战略可以同时实现提高支付意愿和降低成本，那么这个战略就可以被称为帕累托优势。因此，帕累托优势是我们定义效率前沿的核心。每家航空公司的高管都喜欢为乘客提供座位大并且运营成本低的飞机。那些经济学家称之为具有先进"生产技术"的飞机，比那些座位小且运营成本高的飞机更具帕累托优势。然而，通常情况下，航空公司高管必须在座位大、成本高的飞机与座位小、成本低的飞机之间做出选择。如果是二选一，没有一个具有帕累托优势，所以它们都可以处于效率前沿。人们很难从效率前沿来确定哪种生产技术，这取决于市场细分和公司战略。（有关帕累托优势和效率前沿的信息，请参阅书后本章参考文献。）

连接战略的前景是，管理层不必将注意力局限在从定义当前效率前沿的技术中做出选择。相反，我们认为，通过形成连接的客户关系，并通过使用连接来创建新的连接架构和新的收入模型，可以改变效率前沿。因此，连接战略的成功实施创造了帕累托主导的战略选择——以更低的履行成本来满足客户需求。

网约车服务之所以这么受欢迎，是因为比起传统的出租车，它们以更低廉的成本提供了更好的服务。网约车服务已经改变了交通行业的效率前沿。

要了解网约车服务如何推动效率前沿，我们可以提出以下两个问题，来直抵连接战略的核心。

（1）**我们如何改变我们与客户的连接方式？** 我们如何加深公司、司机和乘客之间的连接呢？在这种情况下，被连接的各方保持不变，但他们的连接程度加深了，从而带来更低的成本和优质的乘客体验。实质上，我们在现有实体之间放置了更大的信息管道。

（2）**我们可以改变我们连接的人吗？** 通常来说，一个出租车公司拥有 50 ～ 500 辆车的车队，来满足客运需求。相比之下，网约车服务在大城市有成千上万的备用私家车可以提供服务。此外，它们可以依靠众包来确保司机的服务质量，而不是依靠政府监管机构的审查。第二种情况是为以前没有连接的实体之间创建了连接，即添加了新的信息管道。

在现有各方之间建立更深层次的联系

为了解现有各方更深层次的连接如何能创造更多价值，我们可以从乘客的角度来总结痛点，从司机的角度来总结效率低下的问题。在第 4 章中，我们将更正式介绍客户旅程的概念以及如何发现这些痛点。现在，让我们来看看，比起出租车公司，乘客更喜欢网约车服务的哪些方面。也就是说，网约车公司如何提高乘客的支付意愿。

叫车方便：使用应用程序打车比在街头叫出租车、呼叫调度员或者在车站排队容易得多。所有这些都需要乘客付出成本，因此这些模式对乘客都不是友好的，尤其是在出租车最繁忙的时段。例如，在纽约，70% 的出租车在周四晚上都处于载客状态。

付款方便：使用出租车，每笔交易都从上车开始，下车结束，除此以外，任何付款信息不会被保留。网约车公司不要求乘客携带现金或使用出租车内的可能已经损坏的刷卡机付款，包括小费，付款完全在应用程序内完成。

那么司机呢？出租车司机面临一些运营效率低下的问题，这些问题在没有增加乘客支付意愿的情况下增加了履行成本。一辆出租车牌照的成本只有通过出租车不间断地使用才能赚回来（即使因为网约车公司的出现，牌照价格大幅下跌，你在纽约看到的每辆出租车的牌照的价格也几乎能与劳斯莱斯幻影相媲美）。如果运营良好，网约车公司可以在利用率上取得显著优势。例如，在纽约，优步网约车的利用率超过出租车 5 个百分点；在其他大都市地区，优步网约车的利用率能够超过出租车 20 个百分点。这反映了出租车在三方面效率低下。

候客： 许多出租车司机花了很大一部分时间在出租车站排队等候乘客。例如，在纽约，出租车司机有 50% 的时间是在没有乘客的情况下行驶的。

导航： 导致出租车效率更低下的情况还包括司机在指定的地点接乘客。只有当乘客进入出租车时，计时器才开始运行。人工调度不仅昂贵，而且计算能力有限。要找到满足乘客要求的最佳车辆，需要智能算法，也需要与市场上的所有车辆连接，以便选择位置最优的车辆来满足需求。这些正是出租车公司缺乏的，从而导致上面提到的较低的利用率。

付款： 在乘坐结束时，乘客支付车费给司机。对于司机来说，这也许是整段旅程中最有价值的部分，实质是一种运力的浪费。因为出租车是从驾驶中赚钱，而不是停在原地不动等着乘客用信用卡付款赚钱。

网约车公司成功地解决了乘客的痛点，同时克服了效率低下的问题，这是他们能够以低廉的成本提供优质服务的首要原因。这给我们带来了连接战略的第一个问题：我们如何加强现有各方之间的连接，并通过这些连接渠道获得更多的信息？

对于网约车公司，这个问题可以在一些应用程序上找到答案，包括 GetTaxi、Curb、EasyTaxi、MyTaxi 等。这些应用程序旨在改善乘客和出租车之间的连接。事实上，许多打车软件在网约车公司进入市场之前就推出了。客户能够通过应用程序叫出租车，让城市的每一个街区都变成了虚拟的出租车车站。此外，通过下载应用程序，付款流程得以简化，从而以更高的利用率提高客户体验和司机的生产率。最后，车队管理系统可用于连接车队中的所有出租车，在客户需求和司机之间实现更好的匹配，从而避免浪费司机的时间，进一步提高出租车的生产率和利用率。

这种连接上的改善如表 2-1 所示。我们可以将表格中的右边一栏看成一个连接的出租车公司。该公司使用一款应用程序来更好地连接客户和处理付款，并用 GPS 跟踪其车辆。

表 2-1　建立更深层次的连接的益处

连接	现　状	"连接的出租车"
乘客与车辆	指示牌、调度员、出租车站点	应用程序
付款	现金、信用卡	自动在应用程序中下单
车辆与车辆	调度员、双向无线电	GPS 跟踪，车队管理系统
改进	—	● 叫车方便 ● 付款省时 ● 路线优化

使用技术与客户建立更深层次的连接也可以在我们之前讨论的许多案例中看到：

使用 MagicBand 可以让游客更容易地在迪士尼点餐，从而提高支付意愿，并且整个点餐和付款过程完全自动化，从而降低了履行成本。

智能化和完全数字化的教材比传统的纸质书更容易制作。教材中的嵌入式软件也使学校老师更容易批改学生的家庭作业和试卷，从而提高了老师的工作效率。

许多医疗保健系统现在（终于）提供了长期以来其他大多数行业的标准功能：就医前患者可以使用在线预约，而不需要通过电话进行烦人和复杂的调度。如果需要更紧急的处理，一些医院现在可以让患者直接与他们的医护团队进行视频对话。

深化现有参与者之间的连接可以改变业务形态。然而，所有由连接的出租车公司实施的增强功能仍然受到现有连接架构的限制。现在让我们来看看连接战略的第二个关键元素：创建新连接。

创建新连接

网约车公司的成功并不是因为它们成了更好、更为连接的出租车公司，主要是它们将以前从未连接的各方连接在一起。大多数城市都有几家出租车公司，每家公司都有自己的车队。相反，网约车公司并不拥有和运营车辆。取而代之的是，它们连接整个城镇的私家车，形成一个虚拟车队，它们只是作为协调员，在第 7 章我们会进一步讨论这个问题。这个虚拟车队比任何出租车公司的车队都大得多，这让网约车公司更容易覆盖整个城镇，增加了车辆离需要打车的乘客很近的可能性，从而缩短了乘客的等待时间，提高了利用率。利用率之所以进一步提高，是因为司机不用浪费时间交接班，因为他们开的是自己的车。

通过峰时定价策略，打车服务和车辆利用率也得到了改善。不仅是目前可以提供服务的司机被网约车公司连接起来了，连暂时不能提供服务的司机也被连接在了一起。网约车公司通常会在前一天晚上制定峰时价格，但只是在特定的时间。这种情况通常发生在傍晚（人们准备出门时），在晚上 8 点左右（人们已经外出时）发生的频率较低，然后在晚上 11 点（人们想回家时）达到高峰。作为乘客，我们讨厌动态定价策略，但它作为乘车服务的一个重要组成部分，就像收益管理（又称"动态定价"）是销售机票和酒店客房的一部分一样。

实时调整定价有两个好处。我们对第一个好处很熟悉，航空公司就受益于此。管理顾问和企业高管很少在周六下午飞行，但航空公司有固定的载客量，如果它们的飞机在周六下午闲置，那么会浪费很多钱，所以它们提供大幅的折扣。而在周一早上，当咨询公司的合伙人迫切需要跟在克利夫兰的首席执行官见面时，他们愿意支付双倍的机票价格。其结果是，我们的顾问迫于工作需要选择在周一飞行，而一个大学生会选择在周六飞回俄亥俄州。如果允许价格调整，市场就能更有效地协调资源。由于受监管的出租车市场不允许价格调整，出租车公司不能使用这种策略。然而，许多网约车公司已经完全接受了动态定价。

动态定价还有另一个好处。航空公司有固定的载客量，它很想在星期一早上有更多的飞机和飞行员以满足市场需求，但获取这种载客量的成本太高，所以没有灵活性。然而，网约车公司拥有足够灵活的供应。如果时薪为 20 美元，网约车司机可能更喜欢晚上休息。但如果是 40 美元，在动态定价期间，情况是不同的。以往不活跃的司机在乘客最需要他们的时间，也愿意为乘客提供服务。

峰时定价的一个显著特点是，它不仅对实时变化做出反应（下雨时，更多的乘客需要乘车），而且还可以针对特定地点，这有助于将资源配置到最需要的地方。为了让司机做出最有利于整个系统的选择，峰时定价策略提供了有效的激励措施。当需求较低时，司机切换到其他任务，包括其他工作或者是休息，这样就不会有太多的司机闲坐在车里等待乘客，避免了劳动力成本的浪费；当需求再次回升时，司机便回到岗位。在乘客需要时载客容量上升，从而避免了乘客的长时间等待。

除了提高出租车行业的门槛，传统意义上，出租车牌照起着次要作用。有了牌照，乘客对出租车和司机就多了一点信任。传统上，市政府通过要求出租车运营商获得牌照来建立信任，现在（几乎）任何人都可以成为司机，如何确保网约车的服务质量和安全呢？同样，创建新的连接在这方面也起到了作用。由于乘客通过应用程序评价他们的乘车体验，网约车公司就将乘客互相连接起来，让他们分享体验。比起政府高价售卖出租车牌照，这是一个便宜得多的认证机制。司机的声誉和信誉度是众包的。同样地，网约车司机也使用该应用程序来给乘客打分，这有助于其他司机筛选乘客，避免不愉快的接客体验。这是传统出租车司机无法获得的好处。

建立庞大的私有车辆虚拟车队，通过动态定价策略调整车队规模以满足需求，并用众包声誉机制取代昂贵的牌照，所有这些都依赖于一个建立在创建新连接的基础上的交付模式。出租车公司根本无法模仿这种连接战略，因为使用牌照的公司不能随便雇用想要成为司机的有车人。

表 2-2 总结了这种连接战略在网约车行业中体现出来的好处。同样，连接战略的这一部分——引入新的信息管道，

绝不局限于交通领域。

表 2-2　网约车行业创建新连接的好处

连接	现状	网约车
乘客与车辆	指示牌、调度员、出租车站点	应用程序
付款	现金、信用卡	自动在应用程序中下单
车辆与车辆	调度员、双向无线电	GPS 跟踪，车队管理系统
车辆与车队外的车辆	—	连接平台上的所有车辆
闲置的司机与未使用的车辆	—	连接到目前闲着的司机
乘客与乘客	—	众包司机声誉
司机与司机	—	乘客评级关系着司机的安全
改进		● 更高的车辆利用率 ● 不需牌照 ● 司机不用浪费时间交接班

爱彼迎将旅行者与手头有空房间并且想要成为兼职或全职房东的人连接在一起。这个想法可以追溯到更早之前的网站，如 HomeAway（包括 VRBO，假日房屋租赁在线服务网站）出租暂时空置的度假房屋（度假房屋的房主不是全年都住在度假房屋）。重要的是，这种房屋的租金很便宜，因为它本来也是闲置的。

ZocDoc 允许医生在线发布可预约的时间，患者可以在此进行预约。当预约完成时，患者很高兴挂上了号，而医生也很高兴接收到一个额外的患者。

以同样的方式，OpenTable 将餐厅与食客进行匹配，Kayak 为想要预订航班的人匹配飞机座位，StubHub 可以帮助"粉丝"买到比赛和音乐会的门票，同时也提高了体育场的上座率。

总之，与零售领域的创新者类似，网约车公司已经有效地转移了效率前沿：优质的客户体验带来了更低的成本。这就是为什么网约车公司在世界各地许多市场上成为运输行业的游戏规则的改变者。

专栏 2-2　　通过创建新的连接缓解饥饿现象

在美国，每年各大餐馆、酒席会浪费掉 720 亿磅⊖食物。与此同时，1/7 的人每晚都吃不饱饭。缺乏连接造成了这种矛盾的状态。总部位于亚特兰大的废弃食品管理平台 Goodr 试图通过建立新的连接来缓解这种矛盾。通过一个应用程序，客户通知 Goodr 他们有多余的食物。Goodr 将这些食物回收、打包并运送到非营利组织，并由它们分发给有需要的人。Goodr 对捐赠的食物进行实时跟踪，确保捐赠食物的企业能更容易利用税收优惠政策。交易的所有环节都通过区块链应用程序记录，从捐赠到分发食物都有可靠的记录。Goodr 通过收取少于公司获得的税收优惠的费用来支撑自己

⊖　1 磅≈0.453 59 千克。

的运营。在运营的前 15 个月，Goodr 已经能够将近 100 万磅的食物，也就是 85 万份饭重新定向分配。

通过创建新的连接进一步转变效率前沿

我们怎样才能进一步降低成本？当乘客在等车时，从出发地到目的地肯定会有很多车行驶在路上，这些车上大多数可能只有一个乘客。在美国，车辆的平均乘客人数约为 1.5 人。为什么要增加一辆车（并支付汽车和司机费用）？为什么不就地取材，帮助与乘客有相同的出发地和目的地的私家车司机赚一些快钱呢？这就是 BlaBlaCar 的想法。

BlaBlaCar 是欧洲一家拼车公司，致力于将潜在乘客与空座位连接起来。拼车是一个古老的想法，已经被家长、通勤者和大学生使用了几十年。但是，由于连接的优化，拼车市场迎来了巨大的增长。司机无论如何都要前往目的地，所以增加一个乘客的成本是极低的。

不需要为了劳动力和车辆的所有权额外买单，需要支付的仅仅是加油的钱。如果司机与一个甚至多个乘客分担这笔费用，成本会下降很多。BlaBlaCar 将定价权交给司机，通常价格为每英里[⊖]10 ～ 25 美分，从技术上讲，履行成本仅

　　⊖　1 英里 ≈ 1.609 34 千米。

限于增加乘客所产生的额外的燃油消耗以及额外的上下车时间。

请注意，BlaBlaCar 所做的远不止将潜在的乘客与司机连接起来。不像一般网约车公司那样有一个虚拟车队提供服务，街上的每一辆车现在都可以被视为一个潜在的服务提供商。在这项业务中，乘客与司机之间的界限已经变得模糊了。在第 7 章中，我们将讨论这种新的商业模式，这种模式将单个客户连接在一起组成了一个点对点的网络。以下示例展示了这种连接架构的广泛应用。

BlaBlaCar 之于优步，相当于沙发客（Couchsurfing）之于爱彼迎。今天，迈克睡在你的公寓；明天，就可能反过来。

患者社区 PatientsLikeMe 将患者与其他有类似病症的人连接在一起，促进了关于治疗方案和结果的信息交流，从而形成一个强大的网络。最初该公司专注于慢性疾病，如肌萎缩性侧索硬化症和红斑狼疮，现在已扩展到接受任何病症的任何患者，目前服务的会员超过 60 万人。患者能够免费学习以往的经验来改善治疗结果，而研究人员则可以收集相关数据来帮助患者找出更好的治疗方法。

在美国，几乎 5% 的新婚夫妇是在基于计算机算法匹配的网上交友平台相识的，包括 eHarmony 和 Match.com 等网

站，更不用说，因此诞生了超过 100 万个婴儿。当讨论恋爱
关系时，原谅我的措辞，双方就像客户与供应商，诉求与响
应，各取所需。所以，两个孤独的人坐在家里，希望伴侣从
天而降，倒不如去交友平台上试一下。

说实在的，除非你是一个超级社交达人，享受与他人在
一起的过程而不是宅在家里玩手机，否则你对 BlaBlaCar 的
支付意愿很可能比拼车更低。除了车上可能有健谈的同伴
外，找到一辆在你希望的时间载你去想去的地方的车，可能
还需要你在目的地或者出行计划上做出一些妥协。

连接战略和竞争优势

在本章中，我们看到了杂货零售和网约车行业的公司如
何通过使用连接战略进行转型。在这两个行业，我们看到连
接战略带来了更多的便利：送货上门或者将地铁站的墙壁作
为虚拟超市，从而让购物变得更方便；通过带有自动支付功
能的应用程序，打车同样提高了便利程度。

但连接战略带来的不仅仅是便利性和由此产生的更高的
支付意愿。除非我们能高效地提供产品和服务，否则我们不
能转移效率前沿。因此，我们需要深入了解如何创建和交付

产品或服务。在杂货零售和网约车行业，我们发现成本是由许多因素驱动的，其中一些可能无法为客户体验加分。拥有一家大型商店可能看起来不错，但如果客户想要的只是货品的视觉展示，那么任何加上增强真实感的墙壁都可以完成这项工作。如果客户真正想要的是信任，明明可以通过众包方式以更低的成本获得，为什么还要为出租车牌照支付一大笔钱呢？

在接下来的章节中，效率前沿将是我们的指南针。如果一家公司能够转变效率前沿，也就是说，如果一家公司能够扩大客户支付意愿与履行成本之间产生的差距，它就在创造竞争优势方面迈出了重要一步。

但不幸的是，转变效率前沿并不能保证你一定会获得至少可持续几年的竞争优势。为什么不能呢？虽然我们很容易看到蓝围裙如何转变了效率前沿，提供了比在农贸市场直接购物更优的选择，但要弄清楚为什么蓝围裙的支付意愿与成本之间的差距比 HelloFresh、亚马逊、沃尔玛的大却很难。事实上，蓝围裙一直在努力留住客户，因为它的竞争对手能够在新效率前沿占据非常相似的位置。

同样地，我们很难看出优步的支付意愿与成本之间的差距为什么比其他网约车公司要大得多——优步在中国无法克服这个问题，所以它在中国处于下风。仅仅创造连接体验往往不足以获得可持续的竞争优势。一旦你向世界展示了一个新技能，其他公司就会模仿你。为了创造持续的竞争优势，你不仅需要创建连接体验，还需要创建连接关系，这是连接战略的核心。

正如我们将在第 5 章中看到的，特别是通过连接战略的"重复"维度，你可以为你的公司创造可持续的竞争优势。通过反复互动，你可以不断提高识别客户需求的能力，并将这些需求转化为寻找最佳解决方案的诉求，并有能力响应这些诉求。强大的积极反馈效应可以使你与客户建立持久的关系，并在连接交付模式中实现规模经济，以至于竞争对手很难为客户提供更好的价值主张。

我们想再强调一点：我们相信，不建立连接战略会使大多数公司走上破产的道路。技术和创新力量都能加强连接，与此同时，通过更深层次的连接，客户的期望正朝着更加个性化的方向发展。如前所述，加强连接将成为许多行业的赌注。因此，不为客户提供连接的关系将给你的组织带来竞争劣势。

连接战略和隐私

连接战略本质上是基于客户和公司之间丰富的信息流。正是这些信息，使公司能够个性化地处理客户关系并提高交付模式的效率。与此同时，客户（无论是公司还是个人）自然会对分享这些信息持谨慎态度。因此，信任和隐私是创建长期连接战略的关键。

在正确的人手中，以前个人的私密信息可以用来创造增值交易，比如设计出更好地满足客户需求的产品。但落入不法之人手中，可能对客户造成很大危害。我们发现区分客户可能产生的三种成本是很有必要的。

（1）在我们的生活中，有一些个人信息我们不愿与他人分享，这可能包括我们的财务状况、医疗信息、政治观点，或者我们在大学的成绩。尽管我们的生活并不会因为邻居知道我们在大学的成绩而受到影响，但我们还是不希望这些信息泄露给他人。如果这些数据被公司或个人加以利用来骚扰我们，或者以误导性信息来影响我们的行为，那么损害可能是巨大的。因此，当数据的使用超出了客户最初允许的目的时，客户就面临降低个人（情感）安全的潜在成本。

（2）除了情感损失，有时这些数据还会造成我们的经济损失。我们可能会因为基因问题而无法购买人寿保险。如果水管工知道我们银行账户的余额，可能会给我们更高的报价；或者我们可能在喝多了离开酒吧后，马上收到高风险金融投资的邀请。在 B2B 的环境中，我们可能担心我们的数据会泄露给竞争对手，或者我们的供应商在发现我们的致命缺陷时，利用这个信息来抬价。

（3）个人信息也可能被罪犯利用。当我们预订飞往夏威夷的航班，个人信息变得公开时，我们相当于对当地的犯罪团伙发出了"开放营业"的信号。同样，如果我们的社保号码落入坏人之手，我们将面临身份被盗用的危险。

社会污名化、各种形式的歧视以及公然的犯罪活动，都是我们保护客户（那些把数据托付给我们的人）隐私的强有力的理由。这适用于所有类型的数据，但对于作为连接战略的一部分获得的数据尤其重要。其中一个原因是，在连接关系中创建的数据往往比在偶发性互动中获得的数据（如果在这些互动中收集了任何数据）更丰富、更及时和更机密。另一个原因更可怕，由于连接关系中某些元素的自动化性质，客户不仅面临陌生人访问他们数据的风险，而且黑客还可以控制他们房屋的温度、开门和关门，控制他们的私家车，甚至从银行账户中盗款。

要创建一个连接战略，公司和客户之间的信任就必须成为一个基本要素。没有了信任，长久的关系也不复存在。数据收集既可以产生信任，也可以破坏信任。你需要问一个核心问题：数据的收集和使用如何影响客户对公司的信任？最好早点问，而且经常问。

当公司无法对获取信任的利弊有正确的理解时，连接战略可能会适得其反。还记得那几个广为人知的故事吗？塔吉特（Target）从一名年轻女子的购买习惯中推断她已经怀孕了，并给她推送了各种孕妇服装的优惠券，这让她的父亲感到困惑和生气，因为他并不知道自己的女儿怀孕了。剑桥分析公司对 Facebook 的数据未经授权的使用，影响了 2016 年的美国总统大选。尽管用户关闭了位置历史记录，但谷歌各种软件还是能跟踪用户的位置信息。这种失误的代价高昂，并会导致客户不再相信你有能力为他们的信息保密，并负责任地使用它。

此外，开发新型连接战略的公司可能会发现自己处于监管的灰色地带。网约车公司的司机应该被视为员工还是独立承包商？住在通过爱彼迎出租的公寓是否被视为非法短期租赁？亚马逊的 Echo 设备自动收集的录音是否能够在法庭上作为证据？这些都是目前有待解决的法律问题。当你为你的公司制定连接战略时，你必须及时了解可能会影响到你的公司的政策变化。

连接战略的颠覆性潜力

在本章，我们介绍的内容涵盖了很多领域。在第 3 章中，我们将引导你完成一个工作坊，让你学会将连接战略的概念应用到自己的组织。

　　总而言之，我们首先介绍了支付意愿和效率前沿的概念。你的产品或服务的属性以及你与客户互动的方式都会影响客户的幸福感，进而转化为支付意愿。同时，你在尝试创建客户体验时会产生履行成本。换句话说，在支付意愿与履行成本之间存在一种权衡。不同的公司在支付意愿与成本之间会达到不同的平衡，它们在市场上的定位也有所不同。通过图形绘制不同的公司及其立场，我们可以确定一个行业的效率前沿。效率前沿是由那些在支付意愿与成本关系上效率最高的公司定义的。这些公司能够在相同的履行成本下实现最大的支付意愿（或者相反，它们能够在相同的支付意愿下将成本降到最低）。

　　连接战略如此具有破坏性，是因为它们允许创新企业推动效率前沿。从其他公司的角度来看，具有连接战略的公司似乎完全打破了支付意愿与成本之间传统的平衡。具有连接战略的公司能够通过从根本上改变它们与客户的连接方式与连接对象，打破现有的平衡。蓝围裙重塑了客户如何看待购买食材这件事：客户在家即可收到食谱和相应的食材，而不需要先去找食谱，然后列购物清单，再开车到各个商店购买食材。与此同时，蓝围裙通过其半成品食材盒在农民与终端客户之间建立了新的连接。同样，网约车公司重新定义了客户与驾车服务提供商之间的互动方式。乘客不需要叫出租车或呼叫调度员，通过应用程序就可以打车并实现无缝支付。而网约车公司在以前从未连接的各方之间创建了许多新的连接，比如有私家车的个人司机与有打车需求的乘客之间。

尽管推动效率前沿是实现竞争优势的关键一步，但这还不够。主要的问题是其他公司是否可以轻松地复制你的战略，并跟随你的步伐以到达旧的效率前沿之外的新位置。当我们谈论连接战略的"重复"维度时，我们将在第 5 章的末尾对这个主题进行更多的讨论。正如我们看到的那样，"重复"维度是可持续竞争优势的关键来源。

最后，我们谈到了数据隐私的问题，我们将在本书中反复讨论这个话题。连接战略从根本上依赖于客户与公司之间的信任关系。客户主动或自动向公司发送数据，是期望公司利用这些数据创造优质的客户体验。如果不能维护这种信任，战略和公司都将面临风险。

工作坊 1：使用连接，以更低的成本提供卓越的客户体验

正如前文所说的那样，在本书每一部分的最后，我们都有一个工作坊章节。在第 3 章的工作坊中，你将开始对连接战略有一些初步的了解；在第 6 章的工作坊中，你将学会如何创建连接的客户关系；在第 10 章的工作坊中，我们将引导你创建连接的交付模型。在第 10 章的结尾部分，我们还将总结如何用三个工作表来为创建整体连接战略打一个好基础。

如果想获取工作坊中用到的模板等材料，可访问我们的网站 connected-strategy.com，在网站上填写比使用本书要方

便点。我们还发布了填写模板，当你开始为自己的公司做这些练习时，这些模板会非常有用。

目前，我们还没有展示很多创建连接战略的工具。因此，本章的工作坊比第 6 章和第 10 章的工作坊要短。尽管如此，我们仍希望你开始考虑你的公司适合什么样的连接战略。我们将通过以下步骤来帮助你做到这一点。

（1）针对公司当前与客户的连接，问一组诊断性问题。

（2）就连接战略可能对公司产生的影响进行头脑风暴。

（3）识别驱动支付意愿的因素。

（4）绘制行业的效率前沿，以反映支付意愿与履行成本之间的平衡。

步骤 1：诊断问题

我们发现以下问题是思考连接战略的一个很好的起点。这些问题起初可能看起来很简单，甚至有些天真。然而，正如我们在与许多公司的讨论中发现的那样，它们非常有价值。

- 你与客户联系的频次多少？

- 关于客户需求，你会收到什么样的信息？

- 信息是如何从客户流向公司的？例如，信息流是否依赖于客户的主动告知，或者信息是否以更连续和自动的方式传递？

- 客户需要多长时间才能联想到你？（从顾客意识到他想要或需要你的产品或服务，到公司收到这一信息需要多长时间？）
- 收到客户需求后，公司需要多长时间做出响应？
- 每次客户连接到你的公司时，你能从中学到什么？你如何将偶发性的互动为客户转化成一致性连接体验？

步骤 2：对连接战略的潜力进行头脑风暴

现在让我们来想象一下连接战略可以为你的公司做些什么。第 2 章中讨论的案例和 connected-strategy.com 上的视频可能会为你和你的团队提供一些火花，为你们点燃关于连接战略潜力的创造性讨论。以下建议还帮助你将认知转化成行动。

想象一下，客户可以即时向你传达他们的需求，无论何时何地，你都会陪伴在他们身边。这种大大加强的连接将如何帮助你提高服务质量？更具体地说就是：

- 你如何利用这些信息来增加客户的支付意愿？
- 你如何利用这些信息来降低你的履行成本？

接下来，想象一下，你甚至比客户更早地知道他的需求。你不仅时时在他身边，而且在他的授权下你可以获取他的银行账户甚至是身体健康方面的数据。例如，你的客户可能需要为退休储蓄，但他还没有想过这个问题，现在还是负债状态；或者你的患者可能有轻微的冠状动脉狭窄，但目前他没有出现任何症状。

- 你如何利用这些信息来增加客户的支付意愿？
- 你如何利用这些信息来降低你的履行成本？

步骤 3：识别支付意愿

支付某个产品或服务的意愿通常受到三个因素的驱动：客户对产品或服务的喜爱程度、客户获得产品或服务的容易程度，以及这个产品或服务的价格。我们将第一部分称为消费效用，第二部分称为可获得性，第三部分称为拥有成本。

首先说说消费效用。消费效用来自产品或服务的各种属性。例如，腿部空间（对航空旅行而言）、一次充电的驾驶距离（对电动汽车而言）、重量（对自行车而言）、像素（对相机而言）、尺寸（对服装而言）和娱乐性（对于电影而言）。许多可能的属性可以分为两类。

性能：对于性能属性，大多数人关于产品或服务的好坏认定有统一的标准。例如，我们都喜欢更宽松的腿部空间、一次充电跑更长的距离、更轻的自行车、更高的像素分辨率等。

适配性：在某些属性上，客户对于好坏的标准不尽相同。一些观众喜欢看《纸牌屋》，而其他人不喜欢。有些人喜欢牛排，但素食者不喜欢。对于服装，由于我们的身材各有不同，所以需要的衣服尺寸不一。因此，我们用"适配"来描述这些属性。

接下来说说产品或服务的可获得性。客户经常不方便获得某个产品或服务，经济学家通常将这一部分称为"交易成本"或"摩擦"。其他一切条件都一样的情况下，我们更喜欢就近马上购买食物，而不用跑到 3 英里以外或等 30 分钟。以下是可获得性的两个主要组成部分。

位置：客户距离你的产品或服务有多远？

时间：客户需要等多长时间才能获得产品或服务？

支付意愿的第三个也是最后一个组成部分是拥有成本。作为客户，如果一个产品经久耐用，其实是更划算、价值更高的。无论是电子产品、运动装备、家具，还是厨房设备，产品都会磨损、过时，或因其他原因需要更换。拥有成本的其他因素包括养护和维修的需要、产品的保修，以及客户在使用产品时需要支付的所有费用。

图 3-1 总结了这些支付意愿的维度，并将帮助你跟踪相关的驱动因素。从客户的角度来看，支付意愿的驱动因素是最重要的变量。其中一些变量是显而易见的，例如，我们都希望此时此地就可以获得优质的产品或服务，最好是免费的。

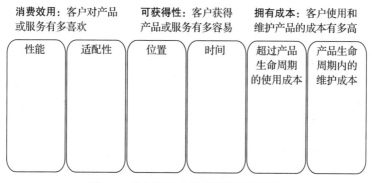

消费效用: 客户对产品或服务有多喜欢		可获得性: 客户获得产品或服务有多容易		拥有成本: 客户使用和维护产品的成本有多高	
性能	适配性	位置	时间	超过产品生命周期的使用成本	产品生命周期内的维护成本

图 3-1　确定客户支付意愿的驱动因素

此时，思考你在第二步中所做的工作，即就即时信息了解客户需求的方法进行头脑风暴，甚至在客户了解到自己需求之前。通过建立一个连接关系，与客户即时沟通，你很有可能识别到客户潜意识里的需求，找到驱动客户支付的因素（不仅仅是"此时此地"）。例如，你可能会意识到你的客户害怕规划退休，因为这需要与他的配偶进行艰难的沟通；或者你的患者在去急诊室之前已经多次感到不舒服，但在定期检查时没有向初级保健医生提起，因为时间不够。这些都可以成为你创建一个连接的客户关系的起点，在第二次工作坊上我们将帮助你做到这一点。

步骤 4：绘制行业的效率前沿

公司不可能什么都擅长，它们在业务中面临平衡。例如，它们在性能属性和提供产品或服务的成本之间做出权衡。宽松的腿部空间意味着更高的支付意愿，但每架飞机的乘客越少，每位乘客的成本也就越高。同样，在提供产品或服务的成本与客户获得这些产品或服务的方便程度之间也存在着平衡。作为乘客，我们很想有一辆车在城市的每一个角落等着我们，但这也意味着更低的车辆利用率和更高的成本。

这些平衡都可以在第 2 章中讨论的效率前沿框架中用图的方式加以说明。图 3-2 通过以下步骤帮助你绘制行业的效率前沿。

（1）选择与你最相关的竞争对手。

（2）按照它们的产品或服务所创造的支付意愿进行排

序。换句话说，假设你是一个顾客，问问你自己如果不考虑价格，你会选择哪个产品或服务。例如，如果其他人付款（尽管你还需要完成购买、交易处理和等待等流程），你愿意买梅赛德斯 C 级、宝马 328、特斯拉 Model 3、雷克萨斯 IS 中的哪一款呢？你可以参考本次工作坊的步骤 3，并问问自己，你的竞争对手在性能、适配性、位置、时间以及拥有成本等方面的表现如何。不需要精确的绝对测量，对比一下就足够了。如果你认为不同细分市场的支付意愿有所不同，那就为每个细分市场画一个单独的效率前沿。

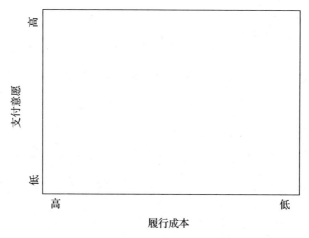

图 3-2　你所在行业的效率前沿

（3）将竞争对手和你自己在履行成本方面进行排序。问问自己，每笔交易你与竞争对手的平均成本分别是多少？注意，这里是平均成本。例如，一家公司可能会在广告上花费很高，但如果它有很多客户，它可以将这个成本分摊在许多交易中，对每笔交易的平均成本影响很小。同样，一个简单的等级排序就足够了。

专栏 3-1 电动工具和领带公司之间的竞争

我们似乎很容易回答："谁是你最相关的竞争对手？"但是，这个看似简单的问题其实比人们想象的复杂得多。请看下面的例子，其灵感来自迈克尔·波特（现代战略领域最有影响力的学者之一）关于替代品的评论。想象一下，你在一家电动工具公司工作。作为一家电动工具公司，你们与谁竞争？回答这个问题的一种方法是查看还有谁在生产电动工具。通过这种方式，得伟（Dewalt）、博世（Bosch）、利优比（Ryobi）、喜利得（Hilti）等竞争对手和类似工具制造商可能会出现在你的列表中。

解决这个问题的另一种方法是换一种问法："为什么客户使用电动工具（比如圆锯）？"很有可能你的客户想要用圆锯锯一些木材，来做一张新餐桌。当这样考虑问题时，这就表明作为圆锯的制造商，你不只是在与其他电动工具制造商竞争，你也在与餐桌制造商竞争。愿意自己做餐桌的客户越多，向电动工具公司支付的钱也就越多，而不是付给家具店（懂得建立连接的电动工具公司已经通过使用连接战略让它们的工具变得更易用。查阅我们网站上的播客，上面有一段电动工具行业领导者喜利得与博世开展的有关连接的有趣讨论）。

但我们可以再换一种问法："为什么人们首先购买电动工具？"当你这样问时，你很快就会意识到电动工具最常见购买原因之一是作为父亲节或圣诞节的礼物。你可能意识到我们接下来要讨论什么。在这个问题的框架中，你意识到电动工具制造商正在与父亲节或圣诞礼物的其他供应商竞争，领带是其中最重要的礼物之一。

所以，当我们要求你考虑你的竞争对手时，你的眼界应该有多宽？我们建议你从与你产生直接竞争的公司开始——在我们的例子中，就是其他电动工具制造商。但是，尤其是在进行创新性和颠覆性想象时，我们希望你通过考虑客户的最终需求来更广泛地思考竞争，这是我们将在第 5 章中讨论的主题。颠覆往往来自当前市场以外的公司。记住，酒店行业不是被其他酒店而是被爱彼迎颠覆的。

（4）有了这些信息，你可以在图 3-2 中确定自己和竞争对手的位置。接下来，绘制表示效率前沿的直线。对于给定的履行成本水平，能够创造最高支付意愿的公司（或者相反，对于任何给定的支付意愿水平，履行成本最低的公司），位于图的右边。

填写了图 3-2 后，你可以考虑以下问题：

- 相对于效率前沿，你处在什么位置？你是否处于效率前沿，或者是否有公司提供类似（甚至更高）支付意愿的产品或服务，同时拥有更低的履行成本？回忆一下我们在订餐与农贸市场、网约车公司与出租车公司之间的比较。并非一个行业中的每家公司都处于效率前沿。

- 如果你不处于效率前沿，你计划采取哪些改进措施来降低履行成本？

- 如果你处于效率前沿，你觉得你在正确的位置上吗？还是你觉得你应该重新考虑支付意愿和履行成本之间的平衡（例如，牺牲一些效率来提供更好的产品或服务）？

- 你所在行业的趋势是什么？是否存在降低成本（向右移动）的压力，或者你是否看到你的公司可以通过提供更高支付意愿的产品和服务（向上移动）来战胜竞争对手？

- 是否有新技术允许一些已经进入该行业的公司或潜在的新进入者推动效率前沿？是否有新的商业模式打破了支付意愿和履行成本之间的平衡？

CONNECTED STRATEGY

第二部分

建立连接的客户关系

识别、诉求和响应：建立连接的客户体验

你可能遇到过以下场景：戴维在他的家庭办公室正准备打印几封紧急信件，却发现打印机没有墨了。他一边抱怨，一边开车到最近的办公用品商店。他在商店里转悠了很久才找到墨粉。他对打印机的型号记不清了，到底是惠普 OfficeJet Pro 6978，还是惠普 OfficeJet Pro 8710 呢？虽然型号看起来差不多，但它们使用了不同的墨盒。他觉得应该是 6978（看起来当天是他的幸运日，他是对的）。因为店里没有单件，他买了一个组合装，他祈祷那台老旧的打印机在寿终正寝前能用完所有的墨粉。他排了很长的队等着付款，终于轮到他时，他却发现信用卡

不见了。最终他付了钱，并化了近两个小时才回到家继续打印。

现在我们改变一下视角，假设你是一家打印机公司墨粉部门的负责人。你会怎么分配资源呢？最有可能的是投入资源研发更耐用、颜色更清晰的墨粉，更好的墨盒，以及提高从制造到分销的效率。虽然一家公司努力制造更好的产品或降低成本没有任何问题，但从上面的案例可以看出，这些操作往往离客户的真正痛点很远，客户与公司的连接还有待改进。

在本章和第 5 章中，我们将深入探讨连接的客户关系的概念。这两章之后是一个工作坊章节，将帮助你的公司建立自己的连接关系。正如我们在第 1 章中所定义的那样，连接的客户关系是客户与公司之间的关系，在这种关系中，偶发性互动被高频次、低摩擦和个性化的互动所取代，后者得益于大量的信息交换。实际情况会是什么样子呢？肯定不会像戴维买墨盒那样。

让我们先来看看一个例子。我们希望了解一个客户经历的过程：识别需求，要求解决这种诉求，体验公司如何响应诉求。第 5 章将增加连接关系的第四个 R——重复（repeat），并将解释这样的个人客户体验如何随着时间的推移而变成持久的客户关系（relationship）。

与任何客户体验一样，墨盒案例中的互动始于客户需求。打印机每打印一页都需要墨粉，只要打印出的文件清晰，客户就可能意识不到墨粉快用完了。但是，随着纸张上的墨色越来越浅，客户就会意识到这种需求。在营销术语中，客户自己尚未意识到的需求被称为"潜在需求"。

一旦客户意识到他们的需求，就会开始搜索商品。这一步可能是非常复杂的，尤其是当今社会，我们几乎可以在世界各地订购任何东西。很多时候，客户不会意识到他们有多少种选择可以满足需求，一旦这些可选项浮出水面，客户将不得不从琳琅满目的零售渠道和品牌中做出选择。鉴于可选项的复杂性，决定哪个是最好的并不容易。寻找产品，为它付钱，并把它带回家是一件既耗时又麻烦的事情。

但互动仍然没有结束。客户需要用新的墨盒更换旧墨盒，在这个阶段，仍然有很多事情可能出错——新墨盒漏粉或打印机中的塑料折页折断。戴维现在就需要与技术支持人员通话，而不是打印他的信件。

正如墨盒案例所示，客户与公司之间的一次互动可能是一段漫长的旅程。虽然我们描述的是单个终端客户的经历，但需要注意的是，在 B2B 业务中客户也会有相似的经历。我们可以将客户旅程分为三个不同的阶段，每个阶段都有一个核心问题。

（1）客户为什么参与互动？

（2）客户如何去识别、订购和支付所需的产品？

（3）向客户提供哪些产品或服务？

这三个阶段中的每个阶段都有许多步骤，如图 4-1 所示。

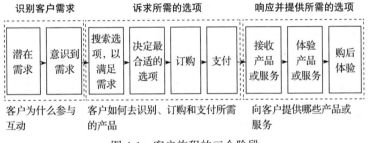

图 4-1 客户旅程的三个阶段

此外，这三个阶段中的每一个阶段都对应于连接关系的关键设计维度。作为一名致力于建立连接关系的经理，你需要问自己，你将如何识别客户的需求（或帮助他们认识到自己的需求）；你需要配置活动，帮助客户识别最能满足他们需求的选项并提出诉求；你还需要建立一个系统，使你能以高效经济的方式来响应这个需求。

我们将用墨盒案例来说明我们在第 1 章中介绍的四种连接的客户体验（响应诉求、量身定制、打卡监督、自动干预）之间的差异。

正如我们将看到的那样，这四种体验在客户旅程中对客户的影响不断提前。让我们回到戴维购买打印机墨盒的故事中。很明显，戴维的客户体验不太好，反映出打印机公司与他之间没有任何连接。我们可能会将这种体验称为"有什么买什么"的客户体验，虽然这不是一个正式的术语。公司等待客户出现，公司有什么客户就买什么。实际上，整个客户旅程都是戴维的责任。戴维必须意识到需要一个新的墨盒，必须弄清楚他需要哪种墨粉并精确到型号，戴维不得不开车去商店，寻找产品，排队，付款，开车回家，并更换墨盒。我们如何改善客户的体验呢？

响应诉求式连接的客户体验

你认为戴维对以下客户体验有何感受？当戴维意识到自己需要一个新的墨盒，他去网上找他最喜欢的网店，选好打印机型号，点击订购适合打印机的墨盒，支付也非常轻松，因为信用卡信息和送货地址早已保存好了。两个小时后，门铃响了，墨盒被送来了。尽管戴维在这次客户旅程中仍然执行了交易的每一步，但交易摩擦少了很多，所以总体而言，对戴维来说旅程变得愉快了。

这就是响应诉求式连接的客户体验背后的理念：企业试

图以最快、最方便的方式为客户提供所需的产品或服务。在客户旅程方面，使用响应诉求策略的公司显著减少了从客户决定所需选项到客户收到产品这个过程中的摩擦。此外，这些公司能够为客户提供符合心意的选项（比如，单个黑色墨盒，而不是组合装）。要了解响应诉求式连接的客户体验，可以看图 4-2。

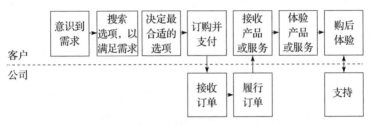

图 4-2　响应诉求式连接的客户体验

该图将客户旅程中的步骤从潜在需求到我们在图 4-1 中介绍的售后体验分为上下两个部分。图中的上半部分显示了客户执行的步骤，下半部分则显示了公司执行的步骤。我们的墨盒案例最初源于客户意识到打印机墨粉已经耗尽。注意，不管客户是在网上还是去当地的办公用品商店购买墨盒，以下步骤都会发生：客户查看有什么商品，并分清楚不同的型号，在可选的范围内做出选择，下单，然后结账。

从客户的角度来看，什么才称得上良好的响应诉求的体验呢？其中一个因素显然是花费的精力越少越好！用信用卡一键式付款比去商店更方便。客户喜欢认真倾听他们的诉求并迅速响应的公司。就像这个名字一样——响应诉求。

对于响应诉求式连接的客户体验，比如墨粉耗尽，快速响应是公司必须做到且最重要的行动。又例如，能够在几分钟内派车是优步和来福车的关键属性。对于爱彼迎，影响客户满意度的关键属性是提供各种风格和价格的住宿选择。预订的速度很重要，但绝不是促成交易的主要优势。

亚马逊一直是订单和付款流程结合成一键式订购的"先驱"。为了进一步方便订购，亚马逊推出了"一键下单"按钮，可以将其安装到冰箱、洗衣机或浴室梳妆台上的小型Wi-Fi设备，只需按下按钮，从瓶装水到婴儿湿巾等物品就可以一起下单。

量身定制式连接的客户体验

如何改善在线购买墨粉的体验呢？想象一下，在戴维登录他的在线账户后，该网站会根据他之前的购买情况建议正确型号的墨盒，他无须为他的打印机再找一遍对应型号的墨粉。此外，该网站还会建议戴维购买纸张，即使戴维没有搜索任何纸张，但他的纸张也很有可能即将用完，这就是我们所说的量身定制式连接的客户体验。例如，亚马逊会显示"经常同时购买"的选择，结合客户过去购买的物品，以及在同一笔交易中经常同时购买的物品等信息，为客户提供个性化的建议。

响应诉求要求客户能够明确表达自己的需求。然而，有时客户可能不知道他们想要什么，或者需要花费相当大的努力才能弄清楚。在量身定制式连接的客户体验中，比起响应诉求体验，公司能够更早、更主动地参与客户旅程。响应诉求要求客户确切了解自己想要什么，而量身定制可以帮助客户在旅程的早期阶段搜索并选择商品。举例说明：一个客户知道她想看喜剧，但可能不知道最近有什么新喜剧上映。在这种情况下，定制化的产品是非常有帮助的。网飞会基于客户以前的喜好和类似客户的选择来推荐喜剧。一般情况下，定制产品使搜索结果更具个性化的特点。

因此，定制产品一般用一组选项来回应客户的诉求。这样做的话，甚至可以预测需求。图 4-3 显示了量身定制式连接的客户体验的一系列流程。再次说明，由客户执行的活动在上半部分，公司执行的活动在下半部分。通过比较图 4-2 与图 4-3 我们可以看到，在量身定制式连接的客户体验模式中，公司在搜索和选择过程中扮演着更积极的角色。公司将客户没有意识到的选项展示出来，并就哪些选项可能最能满足客户需求提出建议，而不是期待订单找上门。

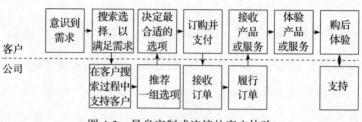

图 4-3　量身定制式连接的客户体验

　　蓝围裙或第 2 章中讨论的订餐供应商，都是量身定制式连接的客户体验很好的案例。想想蓝围裙的量身定制的服务与响应诉求的服务有何不同。响应诉求的体验节省了去商店的麻烦，可以在网上订购物品并享受送货到家的服务。事实上，杂货的送货上门服务正在急剧增长，它们秉持的准则是"你订，我送"。虽然这是比你花时间在超市排队结账方便，但是找食谱、做选择，然后再列购物清单的负担仍然在客户身上。而且，你仍然被做菜剩下的食材所困扰。相反，与响应诉求的体验相比，对于许多客户来说，用蓝围裙订餐更方便、更有趣也更健康，它创造了更高质量的服务（有关量身定制式连接的客户体验的另一个案例，请参阅专栏 4-1）。

专栏 4-1   **真正的个性化**

    生产和传感技术的进步使量身定制式连接的客户体验得到了巨大的提升，这些技术使个性化定制成为可能。化妆品行业是最早流行定制服务的行业之一。粉底市场就是一个很好的例子，仅在美国市值就达 10 亿美元。因为每个人的肤色和肤质各不相同，对这种化妆品的合适的色号和配方的追求长期以来一直是客户的主要痛点。如果购买资生堂的纯矿物质 Made-2-Fit 粉底，顾客可以使用智能手机下载应用程序，扫描脸部，就可以得到一款与其肤色相匹配的个性化粉底。

    3D 打印技术的进步也开启了药品定制的新局面。例如，对于药片，库存限制了当前可用剂量。使用 3D 打印机，可以直接在药房制成片剂或软糖，并提供所需的个性化剂量。制成的药丸甚至可以包含多种所需药物（所谓的"多效药丸"），或者可以将软糖做成有趣的形状给儿童服用，比如恐龙、卡车等。

打卡监督式连接的客户体验

    回到前面的墨盒案例，不管是响应诉求还是量身定制的服务都解决不了的基本问题是：客户只有在墨粉耗尽之后才能意识到需要购买新的墨盒。公司等待客户上门，然后才开始互动。不幸的是，在很多情况下，客户迟迟都不主动，造成了很多不便。

我们如何帮助客户提前意识到呢？也许零售商本可以提前一周向客户发出重新订购的提醒。这种提醒可能是基于过去的购买行为——客户大约每八周购买一次墨盒，现在已经是上次订购后的第七周了。在提醒客户重新订购墨盒的同时，也许零售商还可以提醒客户在打印机上运行清洁功能，以保持高打印质量——客户虽然知道应该执行这个操作，但往往懒得这么做。无论哪种方式，服务客户的公司都比前两种连接的客户体验更加主动。

我们把这种类型的连接体验称为"打卡监督"。在很多情况下，人们想采取某些行动，但惯性和决策偏见会成为阻碍。我们想减肥，但我们很难坚持更健康的饮食习惯；我们想要变得更健康，但我们没办法坚持锻炼；我们需要服用药物，但我们经常忘记。有了打卡监督，公司扮演父母的角色，并指导客户改变行为。在客户旅程中，它在量身定制之前便发挥作用，激活了客户对即将到来的需求的意识。

在图 4-4 中，我们说明了打卡监督式连接的客户体验。由于大多数情况下它的目的是改变行为，而不是购买某个产品或服务，我们已经在一些步骤中更改了标签。该公司建议（或提醒）一组选项，然后，客户决定采取何种行动，理想情况下会发生行为改变。

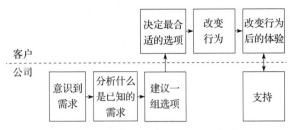

图 4-4　打卡监督式连接的客户体验

请注意图 4-4 中的客户体验是如何更加强调公司采取的行动的。当客户最终采取行动时，比如服用避孕药、不吃汉堡、去健身房，公司会关注客户，了解客户现在和长期的需求，而不仅仅是客户现在想要什么。在定制服务中，相关信息可能来自对许多客户的观察，或者来自客户的主动告知。试想一下，在打卡监督式连接的客户体验中，一位客户为了健康饮食，告诉他的银行如果他在快餐店付款，就把他的信用卡冻结。在响应诉求式连接的客户体验中，客户可以随时以最方便的方式获得芝士汉堡，但客户也知道，他 20 分钟后就会后悔。因此，良好的打卡监督式体验确实扮演了父母的角色。

我们知道，改变行为可能很困难，不然，我们每个人都会实现新年愿望。同伴压力是这方面的有力工具。因此，许多提供打卡监督的公司也会建立打卡群，参与者可以在其中打卡，分享他们的努力成果（比如"我今天走了 12 000

步！"），并互相鼓励。通过借助游戏设计师开发的工具，让网络游戏更具吸引力，在不会上瘾的情况下，许多公司正在使用"游戏化"方式来帮助人们改变行为。参与者通过收集积分和徽章，以及与其他伙伴的友好竞争，来实现他们的行为目标。我们将在第 7 章再次提到这个话题。

专栏 4-2　　　　可穿戴传感器的打卡监督

可穿戴传感器正在为打卡监督行为赋能，看以下三个案例。欧莱雅开发了一款无电池可穿戴传感器，用于测量个人的紫外线照射。该传感器厚度小于 2 毫米，直径小于 9 毫米，并且它被设计为佩戴在拇指指甲上。它可以存储长达 3 个月的数据，并与智能手机应用程序配对，收集并显示每天的 UVA 和 UVB 暴露量，提供个性化的防晒安全指导建议，并跟踪紫外线随时间的变化趋势。

对于想要学习或改善瑜伽姿势但不是时时都有教练在旁指导的个人，总部位于悉尼的可穿戴设备公司 Wearable X 已经有了一个解决方案。它的智能瑜伽裤 Nadi X 在臀部、膝盖和脚踝周围放置了传感器，可以测量身体位置并提供触觉反馈，通过轻柔的振动引导用户做出正确的动作。除了振动引导，还可以通过蓝牙与客户手机上的应用程序配对，进一步的视频和音频提示可以分解不同的瑜伽姿势。

通过训练跑步者学会更好的跑步方式，从而避免受伤，Sensoria 开发了一种连接到特殊跑步袜的脚环装置 Sensoria Smart Socks。袜子底部的传感器可以测量用户的脚与地面接触的位置和时间。脚环里有一个处理器，可以分析来自传感器的大量数据，并将数据传递给匹配的智能手机应用程序。该应用程序通过具体的热感图显示脚上发力的部位，以及触地时间、节奏、所采取的步伐、步幅长度和速度等详细统计数据。这些信息显示在 Sensoria 应用程序中，以便用户可以实时调整自己的动作。该应用程序还提供了实时音频警报，用自动语音的形式对不正确的跑步模式或其他调整提供反馈，以防止用户受伤。

自动干预式连接的客户体验

让我们再次重温墨盒的故事。这次想象一下，打印机正忙得不亦乐乎时，门铃响起，戴维惊讶地发现快递员送来一个盒子，他不记得自己订购了什么东西，但打开一看，里面是一个墨盒。好奇怪啊，他想。他继续打印，此时他的电脑提醒他，他的打印机墨粉即将耗尽。直到此时他才想起，之前购买打印机时，他授权打印机公司，当墨粉快要耗尽时，可以自动寄送墨盒。戴维刚刚经历了自动干预式连接的客户体验。一旦公司被授权监测某样产品，该公司会自动收集信息，并在客户意识到需求之前满足其需求，如图4-5所示。此图与图4-2中的响应需求几乎相反。在这里，几乎所有的活动都由公司控制，因为公司知道客户需要什么和什么时间需要。

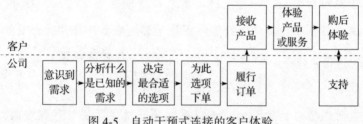

图 4-5　自动干预式连接的客户体验

提供自动干预式连接的客户体验并不容易。与量身定制情况不同，自动干预在决策过程中由于缺乏客户的参与，更容易犯错。诚然，那些去网上搜索如何给小孩取名的客户，很有可能即将为人父母。但仅基于此信息，零售商就应该向他们推荐婴儿床和纸尿裤吗？要使自动干预式连接的客户体验发挥作用，需要增大从客户到公司的信息流的带宽。

随着物联网时代的到来，物体之间的连接性逐渐增强，越来越多的这种基于连续信息流的自动关系将成为可能。墨盒案例就是很好的说明。惠普有一个名为"即时墨粉"（Instant Ink）的程序，它的工作原理与我们描述的完全一样。在这种情况下，惠普会在客户的打印机向公司发出"墨粉较少"的信号后向客户寄送替换墨盒。Brother 也有一个类似的项目——Brother Refresh，在这个项目中，顾客可以决定他们是想让公司发送墨盒，还是让亚马逊来完成。

很快，当我们的冰箱感觉到牛奶容器的重量很轻时，便能够预订第二天早上的牛奶（当然，冰箱也检查了我们的日历，以确保我们不会因为明天度假而不需要牛奶）。

其他已经存在的自动干预式连接的客户体验的例子，主要发生在医疗干预领域。Fall-Detection 传感器是为跌倒风险较高的老年人准备的小型医疗设备。这项技术的早期一代遵循响应诉求的原则，需要帮助的老年人可以按下可穿戴设备上的按钮，在公寓的任何地方都可激活紧急呼叫。这显然解决了一个重要的未满足的需求，就像以前一样，一名从地下室楼梯上摔下来的老年人可能需要紧急医疗护理，但却无法移动和拿到电话，这就是为什么最新的 Fall-Detection 设备已经切换到自动干预。设备中的传感器检测到老人跌倒，即使没有患者的参与，也能够自动采取行动。

专栏 4-3　　　　　视频游戏的自动干预

看以下这些惊人的数据：如果非常受欢迎的在线游戏《魔兽世界》的玩家每天将时间花在创建维基百科而不是玩游戏上，那么他们每周可以创建一个新的维基百科！这充分显现了游戏多么具有吸引力和用户黏性。在量身定制和自动干预方面，视频游戏公司已经走了很长的路。以前，玩家走进商店购买游戏盒或CD，得到的是相同版本的游戏。现在，通过在线游戏，游戏制作者了解每个游戏玩家的喜好和技能，并创建定制化的体验。玩家面临的挑战既不会太困难（造成挫折），也不会太容易（造成无聊），这个过程称为"动态难度调整"，需要依靠后端复杂的人工智能才能做到。同样，不同的玩家从游戏的不同方面获得乐趣。有些人是成功者（对升级和得分感兴趣），有些人是探索者（对理解游戏的细微差别感兴趣），还有些人是社交者（对与其他玩家的互动感兴趣）或"杀手"（顾名思义）。通过了解特定玩家的类型，视频游戏可以随时调整，从而让玩家获得更愉快的体验。难怪围绕《魔兽世界》的一项研究发现，75%的玩家每天玩游戏平均超过2个小时，25%的玩家每天超过5个小时。

从客户到公司的信息流

要创建新的连接的客户体验，其中一个核心就是设计客户和公司之间的信息流。毕竟，是这些信息使你可以识别客户的需求并确定最佳解决方案。我们发现可以从5个维度来描述这种信息流。

（1）信息流的触发器，可能是客户或公司。

（2）信息流的频率（偶发性的或连续的）。

（3）信息流的丰富度或带宽（低或高）。

（4）与此信息流相关的客户付出的努力（少与多）。

（5）为了响应客户的需求而推断出正确的产品或服务以及解决方案所需的信息处理（客户可能会明确表示他想要的产品或服务，或者公司可能会推断出客户所需的合适的产品）。

在转向构建连接战略的技术方面（例如使用更智能的设备或增加通信带宽）之前，你需要在 5 个方面做出决策，如表 4-1 所示。

表 4-1　不同客户体验的信息流维度

	有什么买什么	响应诉求	量身定制	打卡监督	自动干预
信息流的触发器	客户	客户	客户	公司	公司
信息流的频率	偶发性的	偶发性的	增加了	连续的	连续的
信息流的丰富度	低	低	中	高	高
客户发送信息付出的努力	多	减少了	减少了	无	无
寻找偏好的信息处理	客户明确提出偏好	客户明确提出偏好	公司向客户推荐	公司驱动客户特定行为	公司自动为客户执行任务

在本章的开篇，我们介绍了"有什么买什么"的客户体验，说明了客户从意识到墨粉不足到选购产品，最后到接收

和使用产品的痛苦历程。这种经历不是连接关系的一部分，这一事件是由客户意识到打印文件的质量差引发的。唯一的信息流就是客户购买，为 OfficeJet Pro 6978 购买墨盒是满足其打印需求的正确解决方案，这完全是由客户决定的。

响应诉求式连接的客户体验主要是减少与交易相关的摩擦。例如，通过简单的订购界面（如一键式订购）、安装方便的传感器（如亚马逊的"一键下单"按钮）或语音识别（如谷歌助理）来完成。相比通过烦琐的网站、电话或邮件订购或者去商店购买，上述举措大大减少了客户的工作量。

虽然量身定制式连接的客户体验也依赖客户作为交易的触发器，但公司会更积极地帮助客户寻找解决方案以满足其需求，这是体验的核心。根据过去的购买记录（客户每天花费两个小时观看第一次世界大战的纪录片）或表达的偏好（"我真的很喜欢宝莱坞电影"），网飞可以向客户提出满足其娱乐需求的建议。这个推荐过程需要客户的相关数据，从而增加了对信息频率和信息丰富性的需求。公司掌握的信息越多，越容易提供更好的建议。此类连接关系的技术难点在于强大的推荐算法技术。此外，公司需要保护客户的个人隐私，谷歌就被指责通过阅读其客户的 Gmail 信息进行广告推荐，这种错误不能再犯。

打卡监督式连接的客户体验的主要好处是帮助客户克服

惯性，所以我们不能依赖客户作为交易的触发器。相反，公司应该触发交易，这也会影响其他方面。公司需要持续接收客户信息，以防错过采取行动的时机。在此情况下，与公司的连接始终处于打开状态，客户持续且经常自主地向公司发送信息。你可以说，该公司是自动"监视"客户。例如，用户的 Fitbit 可穿戴设备不断收集信息，用户的智能手机作为中继设备，自动将信息发送给医疗服务提供商或用户的私人教练。这种连接关系的技术挑战在于客户与企业之间实现经济且可靠的双向沟通，这反映了这样一个事实即在这种情况下，沟通必须全天候进行。

最后，当我们转向自动干预时，公司应该承担为客户的需求寻找正确解决方案的责任。等待用户触发报警的坠落传感器与根据加速度计读数自动发出求救呼叫的设备之间有一个重要的区别。后者必须被连续读取并且可以实时传输信息，以便即使在设备因坠落而损坏的罕见情况下，仍然可以毫不延迟地发送信息寻求帮助。从技术的角度讲，这要求公司根据自动传输的信息准确判断适合客户的产品或服务。推荐一部糟糕的电影或者提醒男性病人预约妇科，会让人厌烦，相比之下，为惠普打印机用户发送一个 Brother 墨盒费用要高得多。但即便如此，与未能按时呼叫救护车造成的损失相比，这些成本算小的了。

专栏 4-4 **人工智能和深度学习**

正如我们在本章的讨论中所看到的，连接的客户关系，不仅仅是为客户提供他们所需。量身定制、打卡监督和自动干预都依赖于客户和公司共同解决问题。在过去，这种联合解决问题的行为只能通过专业人士来实现，通常是销售经理，他们会帮助客户确定产品或服务，以及获得这些产品或服务的时间和方式。

由于人工智能的进步，现在人类的技能大大增强了，越来越多的流程可以自动化。人工智能指的是给机器配备以前只有人类才能掌握的技能，从而使它们不仅能执行命令，还能解决问题。

在客户旅程中，很有必要让计算机区分两种可提供帮助的方式。第一种是基于一系列（可能很多）规则，例如"向所有购买墨盒的人推荐纸张"或"在即将喝完最后一瓶时订购牛奶。"计算机可以仔细审核这些规则，确保它们能生成所需的建议，但它们有一个明显的缺点，问题的每个方面都需要以规则的形式进行编码，这将很快导致规则的激增（例如，如果客户想外出度假，可能还得查询日历，以使牛奶不会被重新订购）。

在规则中编码所有内容可能适用于低复杂性的情况，例如订购墨盒或牛奶。然而，在高度复杂的情况下，以规则的形式将知识系统化要困难得多（究竟是什么让皮肤不正常成为癌症风险的指标）。这是计算机解决问题的第二种方式。计算机接触大量的皮肤图像，并被告知哪种症状是癌症，哪些不是，而不是定义识别皮肤癌的规则。基于在这些旧图像（通常称为"训练集"）中找到的模式，计算机可以评估新图像。

这种方法更接近人类。毕竟，我们并没有告诉我们的孩子是什么特征使动物成为猫的，他们只是通过观察许多动物和听父母的分类来得出结论（事实证明，确定视频中是否有猫一直是计算机科学研究的一个问题，也吸引了该领域一些最伟大的科学家的注意）。这种学习方法的技术术语是"训练神经网络"。

这种神经网络的数字表征已经存在几十年了。最近，这一领域取得了一项突破，被称为"深度学习"。深度学习受到人类大脑的启发，将神经网络组织成多层，每层使用不同程度的抽象层次。例如，当在数字图像中寻找一只猫时，第一个层次可能会识别图像上构成分隔一个物体与另一个物体边缘的像素；第二个层次可能涉及将边缘转换为物体（如猫的腿、猫的耳朵或沙发下的猫）的任务；第三个层次可能会将对象进行分组，第四个层次可能会确定一组对象是否是猫。这种方法需要大量数据和计算能力，但不需要预先指定规则。

由于我们框架中的重复维度（参看第5章），追求连接战略的公司能够获得深度学习所需的数据，这使它们比（不采用连接战略的）竞争对手，在与客户共同解决问题方面能更好地合作。

针对不同连接的客户体验的不同领域

自动干预式连接的客户体验的出现和各种可能性让我们感到兴奋，同时我们要强调，它们不是解决所有问题或服务所有客户的最佳解决方案。换句话说，当你在表4-1中从左向右移动时，连接关系并不总是变得更好。

如果身边所有事物都变成自动化，客户的舒适度可能有所不同。同样的事情，对于一个人来说是神奇的体验，但可能会让另一个人感到毛骨悚然。当迪士尼为游客自动创建相册时，有人觉得是惊喜，也有人觉得这是侵犯隐私。客户不仅在价值驱动因素（或痛点）上有差异，他们在共享数据、允许周边环境采集数据的舒适程度上也存在差异。了解哪种连接的客户体验最适合客户，与了解该客户的特定需求同样重要。透明度和客户选择加入或退出的能力是这方面的关键。除非客户确认可以收集他们的个人数据，除非你非常清楚地解释如何使用数据以及如何为客户创造价值，否则你是在冒着疏远而不是取悦客户的巨大风险。

总之，四种连接的客户体验各有优势，并且在特定案例和特定客户中取得了良好效果。

当客户知道他们想要什么，并且公司能够快速提供时，**响应诉求**效果最好。问题是，满足一个随机客户的诉求可能成本太高，或者不太现实。例如，"我现在想吃一个培根芝士汉堡，但是我现在是在一个素食餐厅，而且是凌晨 3 点"。公司的基本能力是运营能力：快速交付，灵活和准确地执行。那些喜欢坐在驾驶座上拥有完全控制权的客户，喜欢响应诉求的服务。

当客户不知道他们想要什么，因为他们不知道所有可选项时，则适合**量身定制**。在这种情况下，公司可以通过为客户找到最适合他们需求的产品来取悦客户，并通过主动引导客户购物来提升效率和获得效益。这里的关键能力是推荐。喜欢自己做决定但同时重视建议的客户，可以从量身定制服务中受益。

打卡监督对于潜在需求最有价值，也就是客户知道需求，但因为惯性或其他原因很难做到。客户想要一个培根芝士汉堡，但一旦提醒他的胆固醇水平，他会愿意点一份沙拉。为了做到这一点，公司需要对客户的需求有深刻的了解，这通常基于客户自动传输到公司的丰富信息流。它还需要在保持客户参与度和忠诚度与家长制和限制性之间取得平衡。不介意分享个人数据的客户，如果他们看到在实现个人目标方面有明显回报，他们愿意体验打卡监督的服务。

自动干预应该是一种连接关系。只有当公司能够很好地理解用户，以至于它能够比用户自己更好地做出购买（或其他）决定时，才用到自动干预。自动干预还需要设置一种环境，在这个环境中错误不会太严重。那些愿意接受从自己身上获取连续数据流的客户，以及那些相信公司会以合理的成本使用这些数据来满足他们需求的客户，将最容易获得自动干预式连接的客户体验。

表 4-2 总结了连接体验以及它们最适合的领域，以及企业创建这些客户体验所需的能力。

表 4-2　四种连接体验的应用范围

客户体验类型	描　述	关键功能	效果最好的时机	最适合的场景
响应诉求	客户提出需求的内容和时间	快速高效地对订单进行有效响应	客户下单时	客户不想共享太多的数据，并希望能掌控自己的信息
量身定制	公司提供为客户量身定制的选项，最终选择取决于客户	尽量做出好的推荐	选项足够多，超出客户预期时	客户愿意共享部分数据，但依然希望掌握决策权

（续）

客户体验 类型	描 述	关键功能	效果最好 的时机	最适合的场景
打卡监督	公司推动客户 调整即时偏好， 以实现更大的目 标或降低成本	理解客户的 潜在需求以及 它们与即时行 为的关系	惯性和其他偏 见阻碍了客户实 现最好的目标时	客户不介意共 享个人数据和影 响其行为的环境
自动干预	公司进行监视 并在客户不采取 行动的情况下执 行干预过程	监测将传入 的数据转化为 行动	客户行为是可 预测的，错误的 成本很小时	客户不介意共 享个人数据，并 让公司为他们做 出决定

识别—诉求—响应：满足客户需求的更广阔视野

当我们要求经理列出驱动客户支付意愿的因素时，他们主要关注产品或服务的有形和无形方面，如质量和品牌。显然，这些都是重要的因素，但客户的支付意愿可以受到更广泛的驱动因素的影响。客户与公司进行的每一笔交易实际上都是一个完整的过程，在这个过程的每一步都有机会让客户感到愉悦，也有机会让客户感到难受。我们认为区分客户旅程的三个阶段很有帮助：识别——客户的潜在需求出现，并且客户或公司都意识到了这一需求；诉求——需求被转化为解决方案；响应——客户接受和体验解决方案。

我们对连接战略的研究展示了企业可以用来减少摩擦的四种不同方式，换句话说，四种不同的连接的客户体验。这些客户体验的区别在于它们分别影响客户旅程的不同阶段。响应诉求式连接的客户体验始于客户确切知道自己想要什么，而公司的目标是让客户更容易订购、支付和接收所需产品。量身定制式连接的客户体验则会帮助客户找到满足他们所需的最佳选择。只有当客户意识到他们的需求时，响应诉求和量身定制才能起作用。公司创建打卡监督式连接的客户体验是为了帮助客户提高需求意识，并推动客户付诸行动。最后，当公司比客户自己更早意识到客户的需求时，就可以创建一个自动干预式连接的客户体验，主动解决客户的需求。

我们再次强调，自动干预不应被视为每笔交易最理想的客户体验。客户对在多大程度上公司可以代替自己决策的偏好不同。对于某些交易来说，自动干预出错的风险要大于收益。虽然技术人员可能将自动干预视为必杀技，但良好的旧式客户解决方案对于向客户提供最为相关的体验依然是必要的，这可能需要你创建一系列连接的客户体验。

重 复

建立客户关系，创造竞争优势

"任何顾客都可以把车漆成他想要的任何颜色，只要它是黑色的。"这是亨利·福特为其传奇的 T 型车选择颜色时的妙语。福特不喜欢黑漆，他的第一辆车，A 型车，是红色的，而 F 型车的主打颜色是绿色。相反，福特汽车千篇一律的战略和一刀切的模式更看重生产效率，而不是定制。

同样的生产效率偏好从制造业延伸到了教育领域。在美国，大约有 300 万中小学教师和 170 万大学教师，他们的课程是标准化的；在法国，教育部决定了每个学生每天要学习的东西；在英国，标准化的课程称为"国家课程"。课程大纲是教育"生产设施"的"装配说明"。

有课程大纲不是一件坏事，它能让教师切实帮助学生完成预定的学习目标，有利于跨课程和跨学校之间的协调，并促进最佳实践的共享。然而，标准化的课程浪费了巨大的因材施教的机会。学生有不同的学习动机、先验知识，甚至天赋也有所不同。一个接受 K-12 教育的学生将与大约 100 名教师和辅导员互动，每个人负责不同的课程。

除了为每个孩子提供一组私人教师之外，还有什么选择呢？幸运的是，还有基于连接战略的替代方案。看以下三个案例。

2006 年，麻省理工学院本科毕业的计算机科学家萨尔曼·可汗（Salman khan）在哈佛大学获得 MBA 学位后，在 K-12 教育中发起了一场名为"可汗学院"的革命。当时，在波士顿的一家对冲基金工作的可汗，一直在辅导他的表妹纳迪亚的数学，纳迪亚的数学很差，以至于无法进入高阶班的学习。除了打电话给她之外，可汗还使用一种名为雅虎涂鸦（Yahoo Doodle）的技术，他与纳迪亚在互联网的共享虚拟记事本上进行演算，对她进行辅导。鉴于这种辅导成效显著，他开始辅导其他兄弟姐妹。2006 年，有关他优质的教学技巧的消息不胫而走，可汗开始在 YouTube 上上传自己的教学视频，一般是语音配上自己的演算笔记。这是非营利性的可汗学院的起源。10 年后，可汗学院拥有超过 100 名员工，积累了 2 万多个视频的学习资源，被全世界 5000 万名学生学习和使用。

开始第二个案例，让我们回顾一下第 1 章提及的智能教材的最新发展。对于过去的学生来说，学生和出版商之间唯一的接触点是零售书店，无论是实体店还是网店。感谢在线图书，现在只要书本一被打开，出版商就与学生产生了数字连接。这有什么优势呢？首先，出版商（和教授）可以跟踪学生的学习活动，如阅读或家庭作业。这样的自动评分不仅对学校来说更有效率，还能给学生提供即时反馈。即时反馈对于学习至关重要，而不需要等到期末考试得到 C 的成绩才知道自己准备不足，学生随时可以了解他距离学习目标还有多远。因此，可以在不影响最终成绩的情况下迅速采取必要的纠正措施。在学习旅程的早期阶段可能会出现错误，智能教材会通过播放类似问题的解决方案的视频或者引导学生浏览相关章节来指导学生。当学生准备学习新知识时，学习活动可以在 30 分钟内完成。然而，如果学生觉得费力，这本书会耐心地引导学生学习更长时间。其次，由学生群体的学习活动而创建的数据，通常被称为"元数据"，教授可以根据这些元数据来决定在接下来的课程中哪些知识点需要进一步讲解。作者和出版商可以根据元数据来决定下一步要编写和出版的内容。

最后再来看一个案例。Lynda.com，一家被领英以 15 亿美元收购的公司。它由琳达·温曼（Lynda Weinman）创办，提供培训专业技能的视频课程，如软件开发、平面设计和经商，但学习者在 Lynda.com 不是为了通过考试而学习。相反，他们是通过选择学习路径来明确职业目标，这些职业目标可能是数字营销人员、网页开发人员或网络安全专家。Lynda.com 随后提供了一系列的视频指导、实习任务、认证和职业生涯管理。学习者使用 Lynda.com 不是简单地要求它提供一门课程（比如 JavaScript 的必修课程），而是将更广泛的职业目标寄希望于该网站（"它帮助我成为一名网页开发人员"）。在课程层面，甚至在单个视频讲座层面，Lynda.com 与在线课程和 YouTube 的免费视频展开竞争，但Lynda.com 肩负着学习者的职业抱负，因此获得了持续的个人连接和信任。

本章探讨了连接的客户关系的"重复"维度。从根本上讲，重复维度加强了连接的客户关系所涉及的其他三个维度：识别、诉求和响应。你可能已经猜到了，我们将从教育行业中选取案例，尽管也会讨论许多其他案例。

在简要介绍了新技术如何改变了教育行业的效率前沿之后，我们将介绍一个四级定制框架。该框架概述了如何使用重复的客户互动来改变支付意愿和履行成本定义的效率前沿。四个级别如下。

（1）跨时间创建统一的客户体验。

（2）根据过去的互动改进定制。

（3）在人群层面学习以提高产品供应。

（4）成为客户值得信赖的合作伙伴。

教育行业效率前沿的转变

在前面章节，我们讨论了效率前沿的概念。企业需要在降低成本与提高客户支付意愿之间权衡，提高客户支付意愿需要提供更好、更方便的产品或服务。在第 2 章中，我们看到了蓝围裙和优步如何在各自行业中推进这一效率前沿，以提高客户的支付意愿，同时降低成本。

教育行业的效率前沿是怎样的呢？如果回顾历史，你会发现一对一的针对贵族精英的私人家教似乎是正式教育的最早形式之一。一对一教学的效果是明显的：教师可以把所有的精力和注意力都花在一个学生的特定需求上，传授的内容和速度也可以定制化。如果私人教师到学生的家（或城堡），可以最大限度地方便学生。但从教师的角度来看，这是非常昂贵和低效的。在现代，比起在办公时间分别向 30 个学生讲解二次方程的概念，教师更愿意在 30 人的班级讲解一次。从效率的角度来看，在一个巨大的讲堂里讲授二次方程会更好，这在大学的入门课程中是很常见的。但同时，学生的学习满意度和有效性降低。我们可以在图 5-1 中看到这种权衡（支付意愿反映了学生的收益，而不是学生实际支付的价格）。

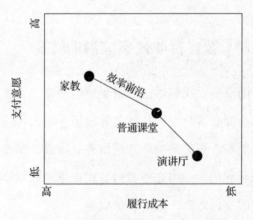

图 5-1 教育行业传统的效率前沿

可汗为他的堂妹纳迪亚提供的私人教学，让她受益匪浅，但这一切都是因为她哥哥对她的爱。让我们快速计算一下请这个私人家教的成本。可汗是哈佛大学的 MBA，在一家对冲基金工作，他的年收入应该是 50 万～ 100 万美元。

在教育行业，即使他每天工作很长时间，几乎不休息，他的平均时薪也必须在 300 ～ 400 美元。但在教育领域，每个学生每小时超过 300 美元的成本不是一种可推广的模式。

现在让我们把注意力转向教学质量，或者学生从某种教育方式中获益的多少。这些益处很可能是以下因素的作用：

- 教师的素质。
- 基于学生的兴趣、职业规划和学习风格量身定制的课程内容。
- 基于学生的能力量身定制的教学进度。
- 教育服务在上课时间和地点上的便利性。

由于规模经济的原因，教一个 100 名学生的班级要比教一个 10 名学生的班级效率高得多，这就是为什么教育机构长期讨论师生比的原因。但是，在一个 100 人的班级里，很难定制教学内容或速度，更不用说上课时间和地点的便利性了。

这使我们回到了转移前沿的问题上。当可汗制作的教学视频被上传到 YouTube 上时，制作成本，包括他的时间成本，被更多的学生分摊了。在 YouTube、edX 或 Coursera 上，许多讲座视频都有数万人观看。即使我们考虑制作成本，包括视频编辑和制作等费用（这使得它比简单地在学生面前讲课更昂贵），每个学生每节课的成本也降低到只有几分钱。

但是，学生从这种视频讲座中获得的收益呢？它们不就像福特的口号那样糟糕吗？"任何顾客都可以把车漆成他想要的任何颜色，只要它是黑色的。"对于所有积极参与在线教学的人来说，答案是非常令人惊讶的：没有。要理解其中的原因，让我们回到前面提到的学生利益的驱动因素。

首先，让我们来考虑老师的素质。几百年前，想要找乐子的人会去当地市场观看小丑或杂技演员的表演。小丑并没有赚大钱，但市场对这种类型的劳动力有足够的需求，几乎任何一个城镇都有足够的生意来养活小丑。然而，随着电影技术的引入，小丑这个行业突然发生了变化。在电影院时代，电影的制作是集中式的，降低了观众每次大笑的成本，并且减少了对小丑的需求。对于小丑来说，这是一个悲伤的故事，但对观众来说并非如此。因为最好的小丑会在电影中出演，观众现在可以看那些真正有趣的小丑。老师和小丑的共同点比我们这个行业中大多数人愿意承认的还要多。美国有300万名教师，每个年级有25万名教师。如果进一步按科目划分，大约会有5万名八年级的数学老师。5万名教师中的每一位每年都会讲解二次方程的概念，他们中的大多数会做得很好。然而，通过视频观看最好老师的讲解越来越受到学生和家长的欢迎。

长期以来，教师及其工作地点限制了学校提供广泛课程的能力。例如，假设你有机会学一门外语，你在小学修哪门外语取决于你上的是哪所学校，很少有小学具备资源同时教授法语、西班牙语、汉语、德语和希伯来语。相比之下，像Rosetta Stone 这样服务于全国乃至全球市场的平台具有相当大的选择范围。因此，它们能够更好地为学生提供他们想要的语言教学。

在线教育中最受欢迎的"定制工具奖"应该颁发给视频播放器上的暂停按钮。在有 100 名学生的课堂上，教师或教授能停下来重复自己的讲解的次数是有限的，然而在线教学没有限制。如果学生注意力不集中、内容很难，或者教授的解释不清楚，只需点击一下，视频就能暂停，让学生反思和重复播放。作为经验丰富的在线教师，我们也从学生那里了解到，第二个最受欢迎的工具是调整视频速度的变速按钮。显然，当以1.5 倍速观看时，一些无聊的讲座就变得可以忍受了。

最后，视频教学还很方便。新一代学习者伴随着网络设备成长，已经习惯了我们社会"随时随地"的范式。从可汗学院到智能教材，从 Rosetta Stone 到 Lynda.com，便利是许多用户的关键需求和期望，我们作为教育工作者可能不喜欢，但必须接受。

在这里有必要澄清一下，作为家长和经验丰富的在线教师，我们绝不是暗示孩子应该只接受视频教学。教师在教育中始终扮演着重要的作用。尽管如此，技术已经改变了教育的组织方式，改变了前沿领域，以更低的成本为学生带来更大的利益。下面将深入探讨重复维度如何转移教育行业和其他行业的前沿。

跨时间创建统一的客户体验：加强"识别"

到目前为止，我们已经通过每次只看一件事或一笔交易来讨论客户体验。但连接战略的最大潜力在于与客户建立深入而持续的关系，将多种体验结合在一起。因此，重复维度是将单个体验转化为关系的基础。实现这一目标的第一步可能听起来微不足道，但却是至关重要且相当困难的：无论何时何地进行互动，你都要能够识别客户并都将其视为同一个人。只有跟踪你的客户，你才能更多地了解他们，也就是说，提高客户关系的识别度。

这种以客户为中心的观点非常少见。例如，在教育领域，传统上学生与学校或大学只进行一次一门课程的互动，并由学生来完成连贯的体验。相比之下，连接战略侧重于学习者，而不是课程，这使得原本脱节的学习体验聚集到一个统一的学习旅程中。教师和辅导员可以查看学生过去的成绩数据，没有学生被遗漏，从而提高了教学质量。与此同时，成本也降低了，因为节省了老师和辅导员的时间，否则他们就会花时间去了解学生的糟糕表现，而这些本可以更早地预测（和避免）。

同样，在医疗保健领域，我们大多数人都经历过在医生办公室登记的烦恼。作为患者，我们必须提供多少次我们的病史、过敏史和保险信息？如果当我们的睡眠模式突然变得不正常时，我们的医生能及时介入治疗，这不是很好吗？如果我们是苹果手表的用户，很有可能苹果比我们的医生更了解我们的健康。对医生来说，当我们坐在检查室里时，我们是患者，而当我们不在检查室时，我们则是陌生人。

协调所有的互动并将它们整合成一个统一的客户体验，这个问题比乍看起来要难，原因在于许多公司现在通过多种渠道与每个客户进行互动。这至少造成两个问题。

第一个是技术问题。具有多个产品线的企业通常不使用单一数据库或 IT 架构。例如，当一个公司通过传统的实体零售和线上渠道（全渠道零售）与客户进行互动时，跟踪客户与公司在各个接触点的所有互动是很成问题的。

这就引出了第二个问题，即组织问题。出现多个 IT 系统通常是历史原因造成的。不同的业务部门开发自己的流程和系统，当通过兼并和收购增加部门时，这一问题更加严重。此外，这些部门经常争夺内部资源，或者争夺地位和职位。因此，当一位客户得到了一家零售店员工的良好建议，最终从该零售商的网店购买了一件产品时，商店经理可能会把他看作是被网店挖走的客户。同样，想想迪士尼。为了创造我们之前所描述的那种令人惊叹的客户体验，迪士尼必须克服这些挑战：

某位客户的相关数据分散在她的 PlayStation 迪士尼视频游戏、她最近购买的迪士尼服装、她在网飞上观看的迪士尼电影、她去年参观的迪士尼主题公园和她住过的迪士尼酒店中。将这些整合到一个统一的客户关系中并不容易，但如果没有整合，那么在阿纳海姆迪士尼担任杰克船长的比尔怎么会记得小雪莉去年在奥兰多迪士尼见过比尔的同事弗朗索瓦呢？

即使他们同属一家公司，主题公园要盈利，电影也一样。从基于产品线（渠道）的世界观转变为将客户置于所有交易中心的观点，需要公司高层强有力的远见和领导支持。传统上，游客必须通过迪士尼的组织结构图来将体验无缝连接在一起。作为实现 MagicBand 功能的一部分，必须进行组织变革。

但迪士尼做到了，从第 1 章中你已经知道了结果。不仅客户体验得到改善，而且在很多情况下，成本也下降了。过去，在处理客户特殊诉求或投诉时，需要手动将跨渠道和跨时间的交易整合到一起，现在可以高效地提供无缝的客户体验。

根据过去的互动改进定制：加强"诉求"

定制的第一个层次是在公司与客户交易的过程中跟踪和了解客户，第二个层次是将这些信息转化为可供行动参考的知识。公司需要将有关客户需求的信息转化为适合的产品或服务。要想了解哪种产品或服务最合适，公司需要了解哪些因素影响了特定客户的支付意愿。

在第 4 章中，我们介绍了客户旅程的概念（见图 4-1）。在客户旅程的每一步，都可能有一些支付意愿的驱动因素。了解这些驱动因素对于定制客户体验至关重要（我们将在第 6 章中指导你完成此过程）。最重要的是，客户旅程的亮点是，客户的支付意愿不仅由产品或服务本身（"什么"）驱动，而且还由客户如何与公司互动以及客户如何访问公司的产品驱动。

例如，获取产品的便利性已成为定制的一个越来越重要的元素。同样，教育行业也提供了一个例证。在传统教育模式中，实体校园和课程安排创造了一种僵化的授课体系。在当今世界，"随时随地"已成为在线教育的口头禅，尤其是针对繁忙的职场人士的培训市场。因此，实体校园和固定的课程安排有诸多不便，从而对客户的支付意愿产生了负面影响。

定制不仅仅是随时提供学习者想要的内容的能力。虽然24小时收看成千上万的教育视频听起来很棒，但选择实在太多了。也许学习者想成为一个网站开发人员，Coursera、edX甚至YouTube上有大量的视频材料，学习者可以从中受益。但从哪里开始呢？如前所述，Lynda.com将视频整合在一起，这样它们就能共同对应于一个职业轨迹。它将学习者表达的需求（"我想成为一个网站开发人员"），变成一种解决方案（"先学习JavaScript，然后学习界面设计课程"等），这就是量身定制。麦格劳－希尔的智能教材将定制又向前推进了一步。除了对明确表达的用户需求做出反应之外，它还根据过去的互动推断客户的需求。客户过去的阅读和应试经历将被分析并用于未来的定制。

这也是亚马逊的强项。通过观察客户的浏览和购买行为，亚马逊能够推断出客户的需求。此外，它创造了一个良性循环。公司与客户的交易越多，它对客户的了解就越多，并且能够更好地定制未来的产品。公司定制的产品越好，客户就越高兴，定制产品一次又一次地把客户吸引回来，为公司创造更多的信息。在某种程度上，定制变得非常好，以至于客户被锁定，不再去竞争对手那里购买。最近的数据显示，亚马逊占有全球在线零售市场超过 40% 的份额。对于某个特定的客户，公司会越来越了解这个客户的需求。这创建了一个积极的反馈循环：识别、诉求、响应和重复，然后更好地识别、诉求和响应等（见图 5-2）。

图 5-2　在个人客户层面的学习

在人群层面学习以提高产品供应：加强"响应"

我们最近与一位电信高管合作，他分享了以下故事。在一家大型家装门店的收银台前，收银员问他的邮政编码，他回答说："如果你给我 5% 的折扣，我会告诉你我的邮政编码。如果你给我 10% 的折扣，我会告诉你我住在哪条街上。"店员打电话给经理，经理接受了这个交易！

据说，在这个连接世界中，客户不仅用钱包支付，还用数据支付。我们将在第 8 章进一步讨论这个问题。现在，让我们简单地观察一下，知道你的邮政编码和街道地址不仅能让商店更好地为你服务，商店也可以把这些知识传递给其他像你一样的客户。相反，它可以使用像你这样的客户的数据来帮助预测你可能需要什么。这是在人群层面学习的第一个优势。该公司不仅可以使用个人数据，还可以通过使用汇总数据为每位客户提供定制建议或决策，从而帮助该客户。

在人群层面学习的数据使更强大的学习成为可能。通过了解客户群，公司可以提供更好的产品或服务。毕竟，如果你没有现成的产品或服务来满足客户的需求，那么深入了解客户的需求又有什么用呢？真正的定制不仅需要深入了解客户，还需要提供合适的产品和服务。因此，定制的第三个层次基本上是关于加强你的响应能力。

首先，让我们看看教育行业的例子。学习分析正在成为一个热门的新领域。如果我们能预测哪些学生可能会在课程中遇到困难，我们就能在问题出现之前采取纠正措施。教师可以了解到个别学生或整个班级可能遇到的困难，从而使教师能够主动改变他们所提供的课程。对于像我们这样的作者来说也是如此。例如，如果我们知道学习者喜欢第 3 章中的工作坊，但很少使用第 10 章中的工作坊，我们可以改进本书。事实上，我们希望通过我们的网站 connected-strategy.
com 来实现这一点。

医学领域也出现了这样的趋势。医疗保健公司打着"个
性化医疗"或"精准医疗"的标签，挖掘基因组数据，希望
找到预测模式，预测容易患阿尔茨海默病或癌症等一系列疾
病的人。例如，基因检测公司 23andMe 正在将自己打造成
生物技术公司的一个重要合作伙伴，因为它正在收集数百万
人的基因图谱。

随着一个公司对客户了解得更多，它也可以扩大它所创
造的客户体验的范围。以成立于 2009 年的金融服务提供商
Square 为例。Square 最初是为小企业提供一种低成本的信
用卡支付渠道，通过 Square 刷卡器（一种用于刷卡的小型
电子设备），Square 帮助客户改善他们响应诉求的策略。随
着时间的推移，Square 对客户需求的了解越来越多，它推出
了精心策划的产品，其中包括新功能，如个性化的仪表板，
提供有关最终用户的信息，以及新服务，如工资管理系统。
Square 系统中包含的信息还允许小型企业向其客户提供更多
精心定制的产品，如定向广告。最后，Square 已经开始提供
自动干预体验，根据商家的现金流自动实时发放信用额度。

正如这些例子所说明的那样，人群层面的学习使公司能
够以两种不同的方式完善其产品组合。第一种，了解需求可

以让企业更好地选择应该提供哪些产品。第二种更为激进。随着公司对客户的了解越来越多，它可能会比任何供应商都更了解客户，这些了解可能会让公司反向整合并生产（或指导供应商生产）全新的产品。以德国最大的在线时尚零售商 Zalando 为例。Zalando 最初是模仿美国最大鞋类在线零售商 Zappos，Zalando 一开始专注于提供响应诉求的客户体验。随着时间的推移，Zalando 对客户有了更多的了解，客户也愿意分享个人信息和时尚偏好，Zalando 得以能够举办更多量身定制的销售活动，通过公司网站向个人客户提供与他们匹配的产品。最终，Zalando 利用它收集到的数据创建了一个自有品牌。通过客户在其网站上的搜索，Zalando 获得了客户数据，包括价位和产品类别，而客户很少用"品牌"来筛选。Zalando 意识到，对于这些产品，其客户并不太在意品牌名称。因此，Zalando 开始在这些品类中提供自己的产品。

同样，我们可以观察到一个良性循环、一个正反馈循环。公司所服务的客户越多，它可以收集的信息就越多，并可以通过优化分类或创新产品，微调现有的产品组合。产品组合越好，客户需求与产品供应之间的匹配程度越高。这种良好的匹配，反过来提高了客户满意度，扩大了客户池，并再次创造更多的数据。

专栏 5-1　　　　　哮喘吸入器的重复循环

在世界各地的医疗保健体系中，非依从性用药是一个关键的成本驱动因素。仅在美国，就有 1000 亿～ 3000 亿美元本可避免的医疗成本被归咎于非依从性用药。这对于有慢性疾病而并不是时刻发作的患者来说，是一个大问题。例如，世界卫生组织估计，几乎一半的哮喘处方药没有被使用。这可能导致昂贵的急诊室就诊、住院和情感创伤，许多有过孩子因急性哮喘发作而深夜就诊经历的父母可以证明这一点。难怪很多公司都试图通过连接战略来降低这些成本，同时为患者提供更多价值。以新西兰 Adherium 公司开发的 Smart Inhaler 为例。Smart Inhaler 是一款具有蓝牙功能的传感器，包裹在患者现有的吸入器上。该设备通过应用程序将信息发送给患者、家长和卫生保健专业人员，以跟踪药物依从性。在了解了患者的日常使用模式后，如果患者错过用药时间，该应用程序还会发出提醒或警报。随着时间的推移，这款应用程序会了解更多关于患者的信息，并开始预测哮喘何时发作，以让患者能够先发制人。该设备包含一系列传感器，不仅能反馈给用户药物是否已经服用，还能反馈吸入器是否被正确地插入口腔，以便将全部剂量喷入呼吸系统。基于其用户的信息，Adherium 已经能够向吸入器制造商阿斯利康提供有价值的反馈，帮助它重新设计吸入器，以便客户正确使用。在这种情况下，我们可以看到重复维度的充分应用。随着时间的推移，该应用程序越来越了解特定患者的情况，从而改善其对客户的监督行为。同样地，在人群层面进行学习，使得应用程序能够改进它在预测哮喘发作方面的分析，从而能够随着时间的推移改进设备。

图 5-3 说明了这个正反馈循环。与图 5-2 不同，图 5-3 是为了找到最适合的特定客户，以便提供更好的量身定制的产品或服务。元数据可以帮助公司了解客户。

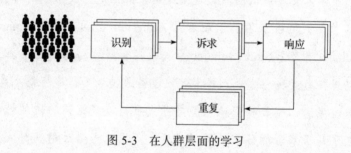

图 5-3　在人群层面的学习

成为客户值得信赖的合作伙伴：
认识更深层次的需求

随着公司对客户有越来越多的了解，它也有机会从解决一个或多个狭义的需求转向关注更基本的需求。例如，狭义的需求是了解复利率，更基本的需求是能够确定投资的价值，更根本的还是想成为一名投资顾问的诉求。当学习者将自己的职业梦想托付给 Lynda.com 时，定制就可以在一个全新的层次上完成，因为 Lynda.com 可以在这种连接关系中发挥更积极的作用。除了量身定制，该公司可能还会敦促学习者做好功课（指导他们的行为），甚至自动为他报名参加一个重要的招聘会。

　　狭义的需求与更基本的需求之间的区别在保健领域也有所体现。如果患者感到心悸，狭义的需求是联系心脏病学专家。更广泛地说，这位患者想要的是让医疗服务提供商解决他的心脏不适问题。实际上，患者真正想要的是他的医疗团队在他需要的时候提供正确的医疗保健服务。最根本的是，他想要的是他的医疗团队让他保持健康。因此，我们可以确定需求的层次结构，其中当前的诉求是一个更高层次、更普遍的需求的表达。连接战略的承诺是，通过反复的互动，企业能够将这种需求层次向上移动，并将每一种用户体验嵌入企业与客户之间的更深层次的关系中。通过这样做，企业可以解决客户价值的更根本驱动因素，增加企业的价值主张。

　　要通过解决更基本的需求来发现这种更深层次的关系，一种有帮助的方法是利用"为什么—怎么办"阶梯。图 5-4

为我们的心脏病学例子提供了说明。"为什么—怎么办"阶梯中的每一个方框都对应着一个特定问题的定义。最底层的问题定义更加集中，关注如何满足需求。我们通过问"为什么"来一步一步往上推进。首先，为什么这个问题是相关的？为什么满足客户的需求是好的？

在客户眼中，与公司建立连接的目的就是……

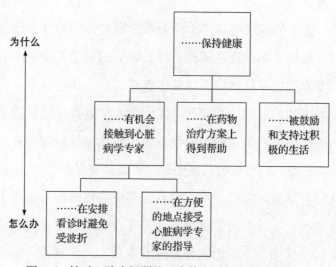

图 5-4 针对心脏病问题的"为什么—怎么办"阶梯

"为什么—怎么办"阶梯可以实现两个目标。首先，它将寻找解决方案与客户真正关心的东西结合起来。患者并不真的关心他们的心脏病学专家是谁，他们只是想确保他们的心脏处于良好状态，更广泛地说，就是确保他们是健康的。

这是与病人最相关的问题，谁能解决这个问题，谁就有可能赢得为患者服务的机会。

其次，这种理解开辟了解决问题的新途径：能很方便地接触到繁忙的心脏病学专家。在"为什么—怎么办"阶梯中，我们的解决方案仅限于寻找更多的心脏病学专家并使他们工作效率更高或工作时间更长。但是，当我们的目标是确保患者的心脏健康时，就存在许多替代解决方案，比如从改善运动习惯和营养到加强药物依从性。我们花的每一分钱，如果投资于控制方法——通过强制服药或改变生活方式，就可能会改善患者的心脏健康状况。这大大提高了效率。

宾夕法尼亚大学的研究人员对心脏健康进行了临床研究，发现了一些有趣的结果。以前的研究表明，许多人因心脏问题接受住院治疗，出院后不愿意或者不能坚持服药超过六个月。使用连接到互联网的"药瓶"，宾夕法尼亚大学的研究团队可以快速发现患者何时忘记服药。通过这种自动监控患者的方式，可以及早检测到偏差，并且训练患者养成良好的生活习惯以保持健康。研究人员利用小额经济激励和通过社交媒体建立的同伴压力来打卡监督患者的行为，促使他们坚持服药，并拥有更健康的生活方式。

显然，公司需要先赢得客户的信任，然后客户才会允许公司管理其更基本的需求。这就是为什么我们把这个放在第四个也是最高的层次，即重复维度如何将客户体验转化为量身定制式连接的客户体验。这里有一个有趣的循环：只有当公司与客户通过大量的数据交换建立了深度的连接，公司才能满足客户更基本的需求。与此同时，除非公司能够解决更多的基本需求，否则客户可能不会想要首先与公司建立深度的连接。深度的嵌入式连接可能具有侵入性，客户会有正当的隐私顾虑，并且顾虑较深。除非提供给客户的价值很高，否则客户不愿意深入参与，或者会觉得他们的数据是在未经其同意的情况下被利用。因此，你将无法直接跳转到第四层次定制。第四层次是可以分阶段实现的。客户允许公司访问其一定数量的数据。一旦公司向客户证明这些数据使公司能够改善客户的生活，客户可能会授予公司进一步访问数据的权限。

正如你所看到的，定制层面四个层次的重复维度都有助于公司转移效率前沿。更好地了解客户需求，更好地将这些需求转化为具体的产品需求，以及更全面地满足这些需求的产品种类，所有这些都增加了客户的支付意愿。同时，更好地了解客户需求使公司能够避免效率低下。表 5-1 总结了这四个层次及其对支付意愿和履行成本的影响。

表 5-1　重复维度创建的四个定制层次

层　次	对支付意愿的影响	对成本的影响
第一层次：跨时间创建统一的客户体验	客户在渠道和交易中被视为一个人	避免人为地将经验混杂在一起
第二层次：根据过去的互动改进定制	能够识别出最能驱动特定客户支付意愿的产品	避免在无法满足需求的情况下进行昂贵的迭代
第三层次：在人群层面学习以提高产品供应	基于对客户需求的推断提供高价值产品	数据驱动的创新方法
第四层次：成为客户值得供应能力信赖的合作伙伴	解决更基本的需求可以采取替代解决方案和早期干预措施	随着解决方案的增多，更有效地利用资源

重复维度对于创造可持续竞争优势的重要性

连接战略的重复维度将关系从偶发性交易转变为连续关系。一旦将单个交易整合成以客户为中心的统一体验（第一个层次），公司就能更好、更高效地为客户服务。这种改进以及效率前沿的相关转变，通过两种学习机制成为可能，如图 5-5 所示。

第一种机制在个人层面发挥作用。当公司与客户的互动逐渐增多时，公司就能够更好地了解客户的当前需求，什么样的产品或服务能够最好地满足这些需求。这是我们框架中的第二个层次。对于响应诉求的客户体验，公司还可以帮助客户更准确地表达他的需求。因此，跨越第一个层次和第二个层次的第一个机制强化了识别和诉求的维度。

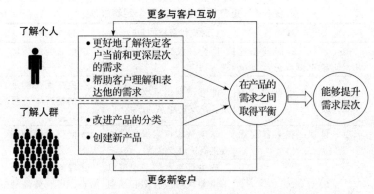

图 5-5　重复维度创建的正学习反馈循环

　　虽然深刻地了解客户需求是件好事，但除非公司有可以满足这些需求的产品或服务，否则这些信息并不是很有价值。第二种学习机制通过分析元数据在人群层面运行。这种学习首先会对产品分类产生反馈，甚至在第一时间创造新产品："根据我们对不同类型顾客的了解，什么是最适合他们的产品？"总之，这种学习机制提高了响应的维度。这是我们框架中的第三个层次。

　　这些学习机制使公司能够增强产品的个性化。公司可以在客户需求与响应这种需求的产品（或服务）之间创造一个更好的匹配。网飞对萨曼莎的观看习惯、她朋友在推特上发布的电影类型，或者她即将到来的假期计划了解越多，就越能为她做出个性化的观看推荐（"飞往意大利？先观看《托斯卡纳婚礼》吧！"）与此同时，随着对整个客户群的更多了解，网飞不仅可以优化授权哪种内容，还可以优化生产哪种内容。网飞能够从其全球超过 1 亿的订户那里收集数据，使其能够创作出超过 2.7 万种类型的作品，包括基于经典文学的 20 世纪时期作品、荒诞且吸引人的喜剧和传记式时尚纪录片。这种细致的分类，结合了观众的反馈和观察到的个人和人群的行为，让网飞比任何电影公司都更能深入地了解观众。

最终，网飞或其他公司将能够利用这些信息来提升客户的需求层次，并实现第四级定制。是的，顾客在某些时候想看电影，但更深层的需求可能是娱乐。一旦一家公司深入了解了客户，它不仅可以推荐电影，还可以出售现场音乐会的门票、自动录制体育赛事，并在客户的屋里和汽车上播放客户最喜欢的音乐。

重复维度之所以如此强大，是因为它包含了积极的反馈效应，随着时间的推移，可以为企业创造巨大、可持续的竞争优势。正如我们在图 5-5 中所看到的，客户需求和可用产品之间的紧密匹配（即高度个性化）有利于企业创造更多的价值，其形式要么是客户有更高的支付愿意，要么是效率更高。这使得公司能够为当前客户提供更多的价值，未来创造更多与这些客户的互动，从而增加个体层面的学习（见图 5-5 中上半部分的反馈循环）。与此同时，增加的价值能够帮助公司吸引新客户，从而提高人群层面的学习（见

图 5-5 中下半部分的反馈循环）。随着个体和人群层面的学习越来越多，公司不断改进识别、诉求和响应维度，从而创造出越来越多的个性化服务。这是一个自我强化的过程，可以让领先于竞争对手的公司继续扩大其竞争优势。

此外，当一个公司能够提高其对客户需求的了解以及满足这些需求的能力时，它就有能力在客户的需求层次上向上移动。一旦公司将一系列客户体验转化为真正的连接，客户将不太可能转向其他公司。与客户建立了连接关系的公司不必通过交易来争夺客户的业务，因为他们已经建立了一种有效的锁定机制。为了吸引客户，竞争对手必须更加努力地工作，而不仅仅是偶尔提供更好的交易。事实上，如果你能成为客户值得信赖的合作伙伴，客户很可能会成为你的拥护者，并告诉他们的朋友他们得到了很棒的服务。

在我们前面的讨论中，我们强调了重复维度的学习反馈循环，因为在我们的经验中，它们一直被低估和未被充分利用。当一个公司获得了更多的客户，三个更知名的正反馈循环也会出现，这将进一步强化一个公司的竞争优势。

第一，随着公司吸引更多的客户，它将享受规模经济：固定投资可以分散到更大的客户群中。例如，亚马逊在推荐引擎、网站设计和 Alexa 技术改进方面的投资，可以分散到它的数百万客户身上，这使它比其他公司更具成本优势。规模经济允许一个公司在不提高价格的情况下提供越来越好的产品，或者降低对客户的价格，或者两者兼而有之。

第二，当企业吸引更多的客户时，网络效应就会产生。当客户的支付意愿随着其他用户的数量增加而提高时，网络效应就会出现。例如，越多人使用 Facebook，下一个用户选择 Facebook 的可能性就越大，因为他所有的朋友都在这个平台上。这反过来又扩大了 Facebook 的用户群。

第三个正反馈循环是一种双边网络效应。当交易一方的参与者越多，交易另一方参与者的价值就越高，反之亦然。例如，苹果的应用程序商店吸引的用户越多，软件开发者编写应用程序并将其发布到商店的动机就越强；与此同时，可用的应用程序越多，吸引的用户就越多。同样，客户使用来福车这样的网约车服务越多，吸引新司机就越容易；参与网约车服务的司机越多，需等待时间越短，客户选择此特定服务的可能性就越大。所有这些正反馈效应创造了越来越多的优势，因此这家公司的增长速度比其竞争对手更快。

正如我们在第 2 章的章末所指出的那样，创建新的和卓越的连接的客户体验只是构建成功的连接战略的第一步。如果你能利用技术进步来创造更好的客户体验，那么你的竞争对手也能。但是，如果你能够更频繁地进行识别—诉求—响应循环，并且在每次重复这个循环时都比你的竞争对手学到更多，那么你确实可以创建一个可持续竞争优势。虽然我们在本书中列举的所有公司都在创造新的连接的客户体验方面具有创新性，但只有那些能够彻底利用重复维度，并创造和利用各种正反馈循环的公司，才能长期取得成功。

连接战略的数据信任问题

正如我们在图 5-5 中所描述的那样，在连接关系中，有两个反馈循环：通过不断地与某个特定客户进行互动，公司能够更好、更有效地为该客户服务；通过获取大量的客户信息，公司可以更好地定位自己的未来。

由此产生的竞争优势可以带来市场份额和盈利能力的增加。这对公司来说是好事，但对客户来说是好事吗？为了对特定客户的服务不断完善（见图 5-5 的上半部分），公司需要进行两项投资：第一项投资是公司的数据收集和分析工作——仔细倾听客户的需求并学习；第二项投资是由客户与公司共享信息，无论是积极回答问题和表达偏好（"每周一7点钟叫醒我，并为我点一杯星巴克咖啡"），还是允许公司的被动监测（例如，允许一个健身应用程序跟踪客户的睡眠模式）。因此，一种成功的连接关系所固有的价值是由企业和客户共同创造的，这种价值允许企业转移效率前沿。这种合作生产的概念不仅是一个语义问题，它还提高了客户对自身能从这种关系中获得多少价值的期望。

除非客户认为他们得到了公平对待，否则他们可能会想要退出这种关系，而你永远也达不到第四级的水平，成为值得信赖的合作伙伴。

更普遍的是，如果公司失去了客户的信任，它们将无法维持重复维度。由于从客户到公司的丰富信息流是成功的连接战略的核心，因此保护数据隐私、数据安全以及数据使用透明是绝对必要的。

监管空间和客户对隐私的态度都可能随着时间的推移而发生变化，因此指导方针也将随之改变。尽管如此，你可以先从经济合作与发展组织（OECD）和欧盟（EU）的《通用数据保护条例》（General Data Protection Regulation）中的隐私指导方针下手。若要构建连接战略，你必须具有针对这些指导方针的策略，其中包括以下内容。

（1）**授权收集**：无论何时收集数据，都必须在客户的知情和同意的情况下进行，客户有权在事后撤回此同意。

（2）**数据质量**：公司有责任为达到数据的使用目的而保持数据的准确性和最新性。

（3）**目的**：在开始收集数据之前，公司需要清楚说明收集数据的目的，除非事先通知客户，否则不应更改该目的。

（4）**保密**：除非获得客户的同意，否则收集的数据不应透露或提供给其他人。

（5）**安全与违反通知**：保护数据免受未经授权的访问或披露是公司的责任。如果发生违规，公司有责任及时（在几天内）通知客户。

（6）**开放性**：客户应该能够轻松了解谁正在收集数据以及用于何种目的。

（7）**访问**：客户应该有权访问公司收集的数据，并在数据不准确时进行更正。

（8）**数据可移动性**：客户应该有权以一种常用的、机器可读的格式接收他们的数据，并有权将这些数据传输给另一家公司。

（9）**数据删除**：客户应该有权删除他们的数据，并要求公司停止进一步传播他们的数据。

（10）**问责制**：公司必须承诺将遵守上述原则。

成为值得信赖的合作伙伴的四个层级的定制

连接的客户关系中的重复元素通常会引发类似"先有鸡还是先有蛋"的问题：

- 为客户提供满足其深层次需求的定制级别产品或服务，需要强大的连接，包括来自之前互动的大量数据。

- 但是，要获得客户的许可来收集大量数据，就需要公司有能力提供高水平的定制服务，并满足客户最深层的需求。

如何打破这个看似封闭的循环？在本章中，我们提出通过四个层级的定制，连接的客户关系会随着时间的推移而变得越来越深入：

- 第一级：通过整合以前不相关的事情，创建统一的客户体验。采取以客户为中心的观点（可能跨渠道），可以通过消除数据协调来提高效率，对客户来说也更方便，同时也能增加公司从特定客户身上收集的信息量。

- 第二级：使用过往互动的数据改进定制，并了解哪些产品或服务是决定客户支付意愿的最重要的驱动因素，即确定客户真正的需求。

- 第三级：优化在客户希望的时间和地点交付的能力。以有效的方式响应客户的诉求，要求公司从更多客户那里收集信息。这种人群层面的学习改善了产品或服务的分类。

● 第四级：公司需要解决客户更多的基本需求，从提供汽车租赁服务发展为提供移动出行解决方案，或者从提供会计课程发展为获取商业知识的一个来源。

当一个公司从一个层级升级到另一个层级时，它改变了效率前沿，加强了与客户之间的关系，从而创造了竞争优势。即使在更高的层级上，该公司仍然需要为客户提供比竞争对手更有吸引力的选择，但它不必为每一笔交易与对手展开竞争。我们将在第 8 章看到，这将创造真正关注长期价值创造的收入模型。

工作坊 2：建立连接的客户关系

本章工作坊将系统地指导你应用前两章的内容，并协助你建立连接的客户关系，它包含三个部分。

本章工作坊的第一部分，我们将帮助你诊断你公司当前提供的客户体验。这将使用第 4 章中讨论的连接关系的识别、诉求和响应维度，巩固你从第 3 章工作坊中所学的内容。具体而言，涉及三个诊断步骤：

- 勾画一个完整的客户体验闭环。
- 确认客户支付的驱动因素和痛点。
- 获取客户体验的信息流。

本章工作坊的第二部分，我们将帮助你在个人关系、偶发性体验上审视客户关系。

整合上述情景，并从中学习如何为客户定制产品和服务，是第 5 章讨论的第一个重复维度的重要元素。在第 5 章中，我们还讨论了重复维度的另一个元素，即在人群层面的学习能力。

连接关系的目标是从与客户的交易关系转变为互信的合作伙伴关系。不同于仅教授金融学知识，你还成为客户的投资顾问；不同于仅做手术，你还为客户提供健康支持；不同于仅买卖股票，你还帮助客户为退休进行储蓄。这涉及以下两个诊断步骤：

- 确定客户更深层次的需求。
- 通过单独的（或重复的）体验，了解当前与客户的关系。

本章工作坊的第三部分，我们将帮助你将诊断结果转化为创建连接关系的新思路：

- 确定新的机会，以减少客户的痛点并降低履行成本。
- 在重复互动中优化信息收集方法，改进"识别—诉求—响应"循环。

最后，由于信任是连接客户关系的核心，我们希望你执行以下操作：

- 评估你的数据保护策略，保持客户的信任。

步骤 1：勾画一个完整的客户体验闭环

正如通过勾画当前流程，与开始任何运营项目一样，我们发现，首先勾画典型的客户与公司互动时所采取的客户旅程是很有帮助的。该流程从潜在需求的出现开始，随后是客户对公司的需求和要求的认可，然后是公司对此做出回应。如果不同客户群经历了截然不同的客户旅程，那就为每个客户群勾画一个流程。同样，一个客户可能有不同的客户旅程（例如，"购买保险"和"进行索赔"）。在这种情况下，你需要勾画多个流程。

你可以使用图 6-1 所示的工作表作为起点。如第 4 章所述，在此工作表中，我们概述了典型的客户旅程的各个阶段，对于每个阶段，在每个框中都有明确的描述。在客户旅程的每个阶段，客户实际做了什么？填写工作表时，在每个阶段可能需要考虑以下问题。

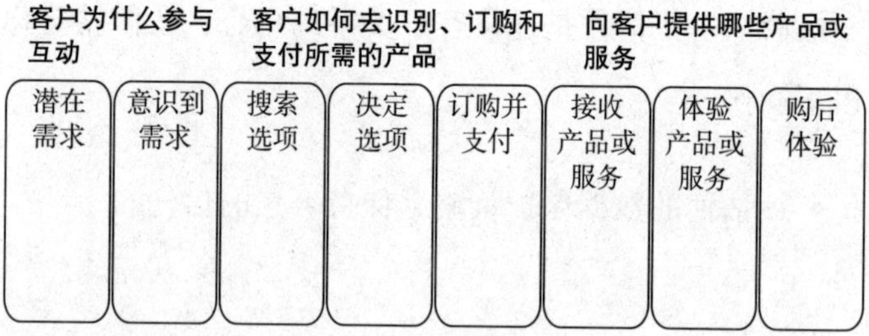

客户为什么参与互动 客户如何去识别、订购和支付所需的产品 向客户提供哪些产品或服务

| 潜在需求 | 意识到需求 | 搜索选项 | 决定选项 | 订购并支付 | 接收产品或服务 | 体验产品或服务 | 购后体验 |

图 6-1 客户旅程

潜在需求

- 客户希望满足的潜在需求是什么？

- 客户试图解决的潜在问题是什么？

意识到需求

- 客户何时以何种方式意识到这种需求？

搜索选项

- 客户如何寻找满足需求的选项？

- 客户的意识范围内有多少可选选项？

决定选项

- 客户如何决定选项？

- 谁参与了这个决定？客户寻求何种建议？

订购并支付

- 客户如何订购他已经决定要买的产品？

- 如何向客户收费？
- 客户如何支付订单？

接收产品或服务

- 一旦下单，产品或服务需要多长时间才能送达客户？
- 产品或服务是否送达客户，或者客户是否需要前往产品或服务所在地？

体验产品或服务

- 客户需要何种努力方能使用该产品？
- 客户如何使用产品？

购后体验

- 客户的购后需求是什么？是退货、升级、建议、维护、服务，还是更换零件？

步骤 2：确认客户支付的驱动因素和痛点

在步骤 1 中，记录了客户在客户旅程中所经历的实际步骤。现在，让我们专注于支付意愿的驱动因素及客户在整个旅程中的痛点。如果你已经完成了工作坊 1，在这一步中你就占据了先机。

希望第 4 章和第 5 章中的概念让你对客户支付意愿有更加全面和精确的理解。例如，在工作坊 1 中，我们希望你思考，不方便可能是降低支付意愿的一个因素。现在，使用客户旅程工具，我们可以更系统地分析不方便之处。例如，它不仅发生在接收产品时（"客户必须去哪里收货，接收产品需要多长时间"），还可能发生在客户旅程的前期，如意识到需求这个阶段。

许多客户都有需求，但他们并没意识到这一点。如果询问客户有什么需求，他们可能无法准确表达出来。事实上，客户无法表达的需求，便是潜在需求的定义。我们将在本工作坊的步骤 4 中深入探讨客户旅程的早期阶段，并介绍一种工具，以识别客户可能存在的更深层次的潜在需求。现在，我们将从意识到需求这个阶段开始客户旅程。

本书中的许多案例都是 B2C 的环境，如果你处于 B2B 的环境中，可以问自己另一个至关重要的问题：如何才能帮助客户在其市场中创造竞争优势？不管你提供何种服务，只要能帮助客户提高效率，或者增加他们的产品价值，都能提高客户的支付意愿。

无论你是在 B2C 还是 B2B 的环境中，当你思考客户的各种痛点时，请考虑以下问题。跟踪图 6-2 上的支付意愿的驱动因素和痛点。你将在本章工作坊把它们当作改进机会的想法而使用。

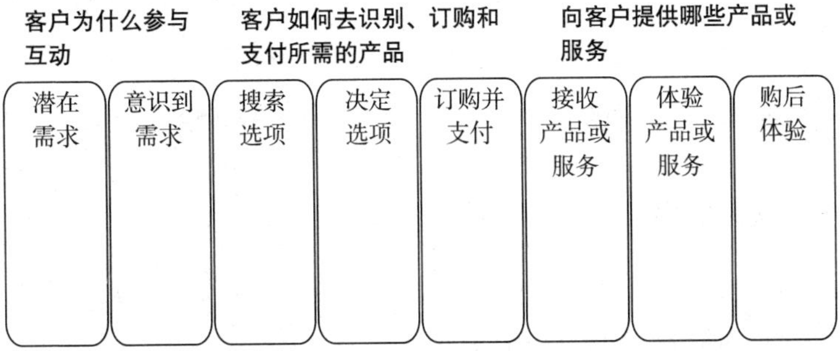

图 6-2　客户在整个客户旅程各阶段的支付意愿和痛点

意识到需求

- 客户完全不知道需求的可能性多大（例如，客户没有意识到计算机被黑客入侵的风险在持续增加）？

- 客户原则上知道需求，但在当前的时间和地点却没有采取行动（例如，客户知道应该吃药，但只是忘记了）？

- 企业因错误地提醒客户已经被满足的需求或不存在的需求，造成客户不满？

搜索选项

- 客户如何确定可以满足他们需求的选项？他们在搜索上花了多长时间？

- 客户是否意识到对他们来说最相关的选项，或者选项集合过于庞大和复杂（例如，为浴室装修找到合适的瓷砖，或者合适的客户关系管理软件）？在正常的搜索过程中，是否为客户提供了超出预期的新方案，或者主要考虑客户以前使用的解决方案？

- 客户可选择方案有多少？竞争对手提供哪些方案？

决定选项

- 客户决策时考虑了哪些因素（价格之外）？客户评估所有选项的每个因素难度有多大？
- 客户决策时是否使用了外部帮助（如评论网站、声誉评分）？
- 对供应商的信任在客户的决策中扮演什么角色？
- 客户选择满足需求的最佳选项需要付出多大努力？
- 客户了解每个选项的成本的难度有多大（例如，在预期的生命周期内）？

订购并支付

- 客户确认产品后，获取产品或服务需要多长时间？
- 在客户指定时间和地点交付产品或执行服务是否容易和方便？
- 向客户发起收费的速度有多快？对客户收取的所有费用透明度如何？
- 支付是否容易？接受哪些付款方式？

接收产品或服务

- 客户将在哪里收到产品？客户是否需要上门自取，或者能否送达客户指定位置？

- 客户从下单到收货需要多长时间？

- 如果产品交付时客户不在家，将如何处理？

体验产品或服务

- 从收到产品到使用产品（拆包和安装时间），客户需要付出多少努力？

- 产品的何种技术特点推动了客户的支付意愿？

- 产品的无形特征（如品牌、形象和设计）能驱动客户的支付意愿吗？

- 产品或服务与客户需求之间的契合程度如何？

- 客户是否总能得到所需分量的产品？

- 客户是否获得补充产品和服务的访问权（例如，是否与其他第三方产品或已安装的旧版本兼容）？

购后体验

- 客户获得支持容易吗？

- 公司是否降低了客户需承担的风险？退货容易吗？

- 购买后的灵活性有多大？购买产品后，客户需求可能会发生变化，升级产品容易吗？

步骤 3：获取客户体验的信息流

现在我们来思考一下客户与公司之间的信息流。信息可以是客户对特定产品的明确要求（"我想要产品 xyz"），也可以是客户状态的信息，可能是客户打印机的状况，也可能是客户的心脏状态。因此，信息包括公司能够用来推断和满足客户需求的一切。

对于图 6-1 中的客户旅程中的每个步骤，首先描述从客户端流向你的信息。在图 6-3 的顶行中填写你的答案。然后，对于已确定的每个信息流，问自己以下问题：

- 是什么或是谁触发了信息流？客户必须主动吗？

- 信息流的频率是多少？信息流是一次性成批流动还是连续流动的？

- 信息流的丰富度如何？你只交换几个字节，还是你有机会访问高带宽、多媒体信息流？

- 客户需要付出多大努力？一个典型的客户完成这一步骤需要多长时间？

- 在这一步，谁在操作信息？是客户主要对如何使用这些信息做出推断，还是公司对这些信息进行操作？例如，是谁将客户的需求转化为公司能够提供的服务或产品？主要是客户在做出如何满足需求的推断，还是公司协助其决策？

	是否都是客户操作信息流		客户如何识别、订购并支付想要的产品			向客户提供何种产品和服务		
	潜在需求	意识到需求	搜索选项	决定选项	订购并支付	接收产品或服务	体验产品或服务	购后体验
信息说明								
触发器								
频率								
丰富度								
客户的努力								
行动								
改进的想法								

图 6-3　信息在客户旅程中每个阶段的流动

每个问题都包含了第 4 章中关于识别、诉求和响应循环的信息流的五个维度之一。现在，将图中最后一行（改进想法）留空。在本次工作坊的步骤 6 中回到这一行。

步骤 4：确定客户更深层次的需求

在第 5 章中，我们讨论了"为什么—怎么办"阶梯作为发现客户更深层次需求的工具的有用性。回忆一下，"为什么—怎么办"阶梯中的每个方框分别对应于表达客户需求的特定方式。在阶梯底部的客户需求更为集中，表达了如何满足特定需求。我们顺着阶梯往上走寻找"为什么"：为什么此需求放在首位？满足客户此需求有什么好处？这能让我们更清楚地了解客户的更深层、更根本的需求。

　　根据客户的需求，使用图 6-4 中的"为什么—怎么办"阶梯。这里没有所谓的正确答案，不同梯级的答案对应着公司可以提供给客户的不同的价值主张。如果你只关注"怎么办"，即阶梯的底部，你与客户就只是单纯的交易关系，存在一定的风险。当客户有机会接触到替代方案时（即价格更低、支付意愿更高的解决方案），你的客户可能就会另投他门了。

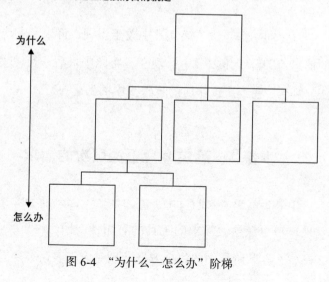

图 6-4　"为什么—怎么办"阶梯

另一方面，过分关注"为什么"也存在风险。你越经常问为什么，价值主张就越模糊。公司的价值观会从"提供预约"转到"咨询心脏病学专家"，到"保证客户的心脏健康"，到"健康长寿"，再到"幸福快乐"。我们建议，通过问"为什么"作为拓宽问题的第一步是有帮助的，但记得要理智，因为问太多的"为什么"后，你会发现自己寻找的是世界的和平、永恒的幸福。

步骤 5：通过重复体验，了解当前的客户关系

正如我们在第 5 章（关于重复维度）中讨论的，单次客户体验和连接式客户关系的区别很大。在极端的案例中，客户只与你的公司有过一次接触，就再无交集。最好的方案是你为单个客户提供多种体验，但你每次对待客户都如同第一次。在第 5 章中，我们列出了四个不同的定制层级，这些都是重复服务支撑起来的。下面来演示这四个层级。

为了将客户多个体验结合起来形成连接的关系，公司必须能够识别客户，并检索有关之前客户体验的信息。这是定制化的第一级。以下问题将帮助你完成此步骤：

- 如何识别客户并将他与之前的客户体验联系起来？

- 公司可以跨哪些领域识别客户？（例如，不同地区的商店或经销商、在线活动，或者来自同一客户公司的不同代理商。）
- 这种识别是否需要客户投入时间和精力？
- 这种识别对公司来说是否成本很高？
- 公司有哪些激励措施（或者哪些抑制措施需要取消），以便公司的各部门之间共享某个特定客户的信息？

除了在多个互动片段中识别客户之外，公司还希望从每个片段中了解此特定客户的更多信息，以便改善客户体验。这是定制的第二级。问自己以下问题：

- 我们如何根据已收集的相关信息改善特定客户的定制方案？
- 我们收集何种反馈以了解特定解决方案是否运作良好？
- 客户是否可以直接对我们的产品和服务提出改进建议？
- 我们如何在组织内部分享这些信息？

正如第 5 章中所讨论的，学习不仅发生在客户的个人层面，还发生在公司面对的客户群层面。定制的第三级涉及变革产品和服务，创造更多价值。问自己以下问题：

- 我们目前如何利用人群（或细分市场）级别的数据改进产品分类？
- 我们目前如何使用人群（或细分市场）级别的数据优化现有产品的功能？
- 我们目前如何使用人群（或细分市场）级别的数据打造全新的产品？

最后，应用你在本章工作坊的步骤 4 中获得的见解，即"为什么—怎么办"阶梯，思考如何成为客户信赖的伙伴。这是定制的第四级。

- 目前大部分交易都处于"为什么—怎么办"阶梯的哪一层？
- 对客户来说，什么是有针对性（怎么办）或更广泛（为什么）的价值主张？

步骤 6：确定新的机会，以减少客户的痛点并降低履行成本

基于之前步骤中所做的工作，当前及未来步骤的目标是

生成一个机会列表来改进：当前的客户体验，以及体验过程
发生的其他事。

这些机会是以下要素的组合：

- 客户痛点、放弃的收入机会、公司浪费的资源。
- 客户体验的任何一个步骤或从一种体验到另一种体验，
  都是沿着信息流的五个维度中的任何一个维度变化。

首先关注步骤 2 中确定的支付意愿和痛点，以及步骤 3
中分析的信息流。为了产生创意，以下两个方向值得尝试：

- 从支付意愿的驱动因素和痛点开始，并自问："如何
  有效缓解痛点或者更好驱动支付意愿？"然后再自
  问："我们的解决方案需要什么信息？"
- 从潜在的信息收集开始，并自问："这些信息可以缓
  解什么痛点？这些信息可以驱动哪些支付意愿？"为
  了识别有价值的信息，也可以自问："什么样的数据
  值得我们付费（以及究竟花多少钱）？它们是否可以
  帮助我们提高客户的支付意愿或提高我们的效率？"

为了产生创意，回顾第 4 章不同的连接体验，有时也能
唤起人们的思考：

- 我们如何创建更好的响应诉求的客户体验？
- 我们如何才能创造出更好的策划产品？
- 我们的客户在哪方面可能重视打卡监督体验？
- 我们是否可以为某些服务创建自动干预体验？

回想一下，这些不同的客户体验会影响客户旅程的不同阶段，正如图 6-5 所示。使用此工作表跟踪你的创意和所需信息。在对痛点（或支付意愿的驱动）的响应及所需信息的方框之间画箭头非常有用。

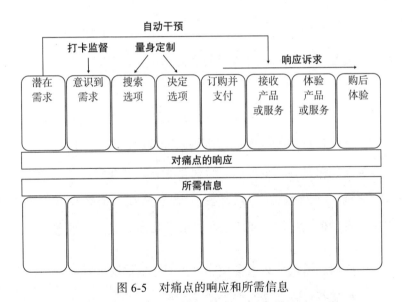

图 6-5　对痛点的响应和所需信息

一旦你确定了各种创意所需的信息，你可以回到步骤 3，并填写相应的图 6-3 的最后一行：你必须对你的信息收集活动进行哪些更改，才能获取所需信息？

在这一点上，尽量能拿出更多方案。

此步骤中可能的机会示例如下：

关于退休规划，客户往往准备不足。通过跟踪他们的消费模式、流动资产和债务，银行可以在客户的需求仍然存在的时候，更早地参与客户旅程，而不是等待客户上门。我们可以发起个性化的视频聊天，通过将客户的账户与类似客户的账户进行比较，吸引客户参与此过程。

但它不是仅仅关于痛点和支付意愿。连接关系中的信息流还可以提高效率，从而降低履行成本。以下两种方式都可能发生。首先，信息流可能已经发生，但它是手动发生的。调度员使用无线电通信组织乘客接送；迪士尼服务员向游客发放菜单，然后回收，接受下单；患者在到医院接受治疗之前先进行登记。尽管这些信息很重要，但客户眼中绝对没有增值，还增加了不必要的履行成本。具体问题包括：

- 信息通过什么方式交换，当面、电话或传真？
- 哪些地方数据需要手动录入？

以下案例反映了现有信息流的自动化业务。

患者在抵达诊所后，需要花很长时间登记和填写相关文件。通过位置定位和面部识别技术，办理入住手续变得轻松，这不仅让患者方便，诊所的成本也更低。

除了简化甚至自动化现有信息流之外，还可以通过连接以前未连接的各方来提高效率。第 2 章中的有关杂货店购物、网约车服务便是此方面的案例。此类新连接有助于平衡资源间的工作负载，从而进一步降低履行成本。前面指出的通过在以前不连接的各方间增加新的信息流，如何实现？

如何及时将患者与医生联系起来，而不是预约后才联系？

患者经常会爽约，造成医疗资源闲置。患者是准时出现，还是迟到或根本不出现，只有在最后 1 分钟才知道。通过跟踪患者的手机定位和本地交通信息，可以预估患者抵达时间。如果患者在预约前 30 分钟不在离医院 5 英里的范围内，则会发送提醒信息或取消预约时段。

步骤 7：在重复互动中优化信息收集方法，改进"识别—诉求—响应"循环

连接关系的重复维度背后有一个关键概念，即你可以从一种客户体验中学习到另一种客户体验。步骤 5 分析过与重

复维度相关的四个定制层级中每一级操作。在步骤 7，我们关心一个后续问题：我们如何优化每一个步骤？

具体问题可以包括以下内容：

- 如何提高跟踪单个客户的能力，并汇总与该客户所有接触点上的信息？
- 如何改进内部激励机制，或者为了实现信息共享，必须对组织结构进行哪些变革？
- 我们对这位客户及其相关需求了解了多少？如何积极主动地为这些需求提供解决方案？将来我们如何使用这些信息来更好地定制产品或服务？
- 在服务相似客户的过程中我们学到了什么，使我们可以改变未来产品和服务的种类？
- 我们从客户身上学会了什么，哪些服务和功能对客户更有价值，而这些信息我们的供应商还不知晓？
- 从一个客户的体验出发，推断整个客户群的体验，推导出哪些方面效率需要提高？
- 通过这些调整，我们能够满足客户哪些更深层次的需求（回到你在步骤 4 中确定的更深层次的需求）？

在图 6-6 中，写下客户的具体案例以及该客户与你互动的一系列体验，然后确定如何使用收集的信息来改进定制、优化产品和服务、创新产品和服务、提高效率。

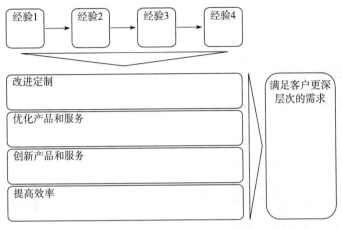

图 6-6 从重复的客户体验中学习

此番操作可采用以下形式：

许多 MBA 金融课程的学生在学习计算净现值或贴现现金流时觉得很难。跟踪学生在多个家庭作业甚至多个课程中在处理此类问题时的表现，智能教材可以确定学生是否理解这些概念，是否缺乏更基础的知识，如复利计算。如真有此需要，它将为学生提供复利计算的教程。

本次学习将有机会扩展成对整个群体的学习：

通过跟踪学生的家庭作业，教学团队可以调整授课计划，以便将更多时间花在一般学生测试不佳的内容上。

步骤 8：评估你的数据保护策略，保持客户的信任

为了使用连接战略，创造可持续竞争优势，企业必须与客户建立并保持可信赖的关系。只有确保客户的数据安全，并以透明的方式使用它，客户才会继续允许你上移至其需求层次。你需要确保按照相关法律与客户达成协议，以免触犯相关法律将客户数据货币化。从以下关键问题出发：

- 在我们积极参与的所有领域，有哪些程序可帮助了解数据保护和隐私法规？

- 在这些问题上，如何与公众舆论保持一致？

- 我们目前如何获得客户同意？客户对于其数据使用的透明度了解多少？

- 我们如何保持数据的更新和准确？

- 如何保证数据安全，如果有任何违规行为，何种条件下知会客户？

CONNECTED STRATEGY

第三部分

创建连接的交付模型

设计连接架构

对于一个成功的连接战略，公司不仅需要建立连接的客户关系，而且还必须以更低成本、更高效益的方式建立这些关系。为了取得成功，企业需要一个连接的交付模式，其中包括三个要素。

（1）连接架构（相当于连接公司、客户和供应商的一系列管道）。

（2）收入模型（公司如何从管道流中受益）。

（3）技术基础设施（这些管道的润滑程度如何）。

本章重点放在连接架构上，主要关于设计的各种增值选项。

以下是一个财务案例，讲述如何连接企业、供应商和客户。简（Jane）是一名制片人，试图创作一部关于北极熊的纪录片。今天是简生命中激动人心的一天：她终于把初步预算起草好了。为了庆祝成功地把预算做出来，并就如何找到融资征求朋友的建议，她约两个最好的朋友去了当地的一家酒吧。像往常一样，买单时候他们准备 AA 制，但她意识到她忘记带钱包了。她的朋友们为她付了钱，她自然答应要还上。该插曲引发了她们对金钱以及如何为退休准备储蓄的讨论。在回家的路上，许多数字在简的脑海中转动：她的电影项目的 2.5 万美元资金，喝酒欠朋友的 40 美元，退休储蓄的 30 万美元缺口。

正如这个小插曲所体现的，客户有各种各样的金融需求。客户有时需要借钱（买房子或创建新的企业）。客户需要管理交易（将资金从 A 转移到 B，无论是从客户的银行账户转给朋友还是餐厅），需要为退休储蓄。在过去，客户依靠银行来满足大多数金融需求。客户开立支票账户，领取银行发行的信用卡；客户与信贷员会谈以获得项目融资；客户还可以咨询银行的理财顾问，后者会推荐多种养老共同基金，包括银行自己管理的基金。但是，银行业目前正在经历一场由金融科技（financial technology）运动带来的重大变革。

不同的连接架构是最严重混乱的核心。

连接的生产商

　　所有的连接架构都始于从客户到企业的信息流。这些客户可能是个人或企业。因此，每一个连接架构既可以在 B2C 也可以在 B2B 的环境中运行。

　　连接架构在公司如何连接客户方面有所不同。在最直接的连接架构中，公司本身生产满足客户需求的产品或服务，我们称这种业务模式为连接的生产商。图 7-1 总结了这一点，描述了价值链中组织实体之间的关键连接或管道。

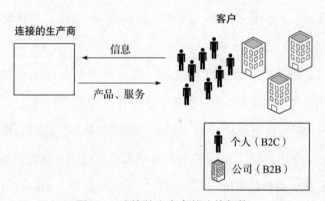

图 7-1　连接的生产商的连接架构

　　例如，在金融服务部门，创建连接的客户关系的传统银行将被视为连接的生产商。关键的连接是在客户和银行之间，银行自己创造所有的关键服务。连接的生产商可以专注于一种连接的客户体验或提供多种体验。例如，一家银行可能试图使贷款申请和审批过程尽可能快（响应诉求），向客户提供基于其收入和未来需求的投资建议（量身定制），提醒客户重新平衡投资组合（打卡监督），并在客户的储蓄账户与支票账户之间自动转账，以避免透支（自动干预）。

连接的生产商面临着与其他连接的生产商的竞争。但是，一些大银行的竞争对手看起来并不像大银行。想想贷款过程，像 OnDeck 和 Earnest 等网贷公司都专注于响应诉求的客户体验，除了使用传统的信用评分外，它们还利用超过 100 个外部数据源来确定信誉度，包括社会数据、公共记录和交易数据。这样一来，每个贷款申请就会有超过 2000 个数据点，公司几乎可以在瞬间做出决定，这大大超过了传统的银行申请和批准程序，后者通常都很漫长。在这方面，OnDeck 专注于小企业贷款，而 Earnest 则提供个人贷款，专注于学生贷款的再融资。但请注意，在其他方面，它们的经营方式和大银行一模一样。主要的连接是在客户和企业之间，信息从客户流向企业，产品和服务从企业流向客户。

连接的生产商的架构似乎已过时了。然而，最近的两个连接趋势正在帮助连接的生产商在服务客户方面进行创新。首先，如今的连接的生产商极大地提高了互动频率，将大型的偶发性交易转变为许多较小的客户体验；其次，在信息交流和产品定制方面，互动的整体丰富性加强了。要了解这些发展的一些例子，让我们看看金融服务以外的领域。

连接的交通工具制造商现在提供的用户体验远远超出了汽车销售。全球最大汽车共享品牌 car2go，由传统汽车制造商戴姆勒创立，并独家供应戴姆勒汽车。会员在 8 个国家的26 个城市可使用的汽车超过 14 000 辆。这些车辆中有许多是小型的两座 smart fortwo（smart 品牌为戴姆勒公司所有）。用户可以在城市的任何地方取车，用智能手机应用程序查看，不需要加油，把车停在街道上任何经过批准的停车位，并根据租车时间支付费用即可。

戴姆勒的 car2go 汽车就是一个典型的连接的生产商，它主要以"响应诉求"的模式运营。客户把需求发送给公司，公司通过一款应用程序立即做出反应，帮助客户找到最近最能满足客户需求的汽车。更好的连接使这一切成为可能：GPS 设备跟踪汽车的位置；移动应用程序告诉客户汽车的位置，并消除了面对面支付的需求。这使得昂贵的汽车的利用率大大提高。像这样的共享经济应用正符合我们对连接的生产商架构的定义。

通用汽车、大众和宝马等公司纷纷效仿并创建了自己的汽车共享服务。正如我们之前所指出的那样，仅仅创造连接体验并不足以创造长期的竞争优势。其他公司不可避免地会效仿你的做法，问题是你是否能够比竞争对手在消费者的支付意愿和成本之间拉开更大的距离。为了实现更大的规模，宝马和戴姆勒决定在 2018 年合并它们的移动平台来提供汽车共享服务。

与金融服务业类似，保险公司也开始制定连接战略。在被称为保险技术（InsurTech）的领域，虽然有许多新进入者，但一些现有的连接的生产商也非常具有创新性。以美国第四大汽车保险公司前进保险公司（Progressive）为例。从历史上看，购买汽车保险是一种非常偶发性的客户体验。司机打电话给保险公司或去找代理人，保险公司会根据驾驶者的年龄、邮编、车辆类型和过去的交通事故来分析驾驶者的风险状况，然后提供保险费的报价。相比之下，前进保险公司的客户同意在他们的车上安装一个应用程序或一个小型监控设备。该应用程序或设备可以监控一天行程的长度和时间，以及驾驶行为，包括硬刹车、快速加速或强行变道。一旦数据收集期结束，前进保险公司将使用这些数据向司机提供定制的汽车保险报价。但客户体验并没有结束。为客户提供关于他们自己（或孩子）驾驶行为的反馈，前进保险公司也创造了一个打卡监督的客户体验，这使得客户能够提高他们的驾驶水平，从而进一步降低保险费用。此外，这让前进保险公司能够在客户的需求层次上往上移动：它解决了司机对安全和保障的深层次需求，而不是对汽车保险的需求。

许多软件公司，如 Salesforce 和 IBM，也属于连接的生产商。它们与客户的紧密连接使它们能够提供定制的产品并预测未来的需求（例如，关于网络安全）。同样，谷歌旗下的搜索引擎、Gmail 和谷歌照片，组成了一个连接的生产商。谷歌对这些产品免费的事实并不影响其作为一个已经建立了自己服务生态系统的连接的生产商的地位（我们将在第 8 章回看谷歌和类似公司的收入模型）。

最后，回顾一下在第 1 章中讨论过的迪士尼 MagicBand 的例子。这款手环充分响应了客户需求，客户佩戴它可以方便地进入酒店房间和享用乘车服务，还可以用它来支付商品和食物的费用。通过应用程序，迪士尼将量身定制的服务与建议结合在一起，并通过让游客体验不那么拥挤的项目来引导他们的选择。不出所料，其他娱乐公司也在开发类似的技术。例如，世界上最大的邮轮运营商嘉年华（Carnival）开发了一种叫作"海洋勋章"（Ocean Medallion）的可穿戴设备，可以将其放在口袋里携带或者作为别针佩戴。这个硬币大小的配饰，可以自动打开乘客房间的舱门（不需要点击感应器），让乘客更快捷、更方便地上下邮轮，还可以为在邮轮上购买的物品付款。连接到一个应用程序，它可以帮助家庭成员在巨大的邮轮找到彼此。乘客可以使用这款应用程序在任何地方点餐。服务员知道是谁点的菜，因为当他们靠近乘客的配饰时，乘客的照片就会出现在他们的手持设备上。乘客可以在登邮轮前上传自己的喜好，从而使嘉年华能够提供量身定制的活动。嘉年华和迪士尼都使用连接的生产商架构。连接是在客户和公司之间，它变成了一个非常高带宽的连接。

连接的零售商

连接的生产商不仅面临来自其他连接的生产商的竞争，还面临来自实施不同连接架构的公司的竞争。例如，在投资咨询领域，Wealthfront 和 Betterment 等公司主要利用算法为每位投资者量身定制投资组合，其中包括交易所交易基金（ETF）或由其他人管理的低成本共同基金。我们称这些公司为连接的零售商，其主要作用是展示、定制和向客户交付供应商的产品。连接的零售商接收来自客户的信息，然后在供应商和客户之间建立连接。这种连接通过连接的零售商运行，因为公司积极将产品从供应商处交付给客户（见图 7-2）。

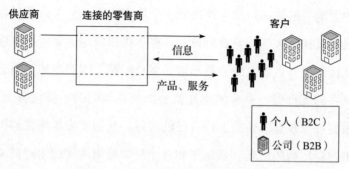

图 7-2　连接的零售商的连接架构

与连接的生产商一样，连接的零售商可以专注于一种连接的客户体验或一系列体验。例如，Wealthfront 和 Betterment 通过在网上操作来响应需求，快捷方便地为客户量身定制投资组合；通过客户陈述的各种投资目标，来为他们提供定制的投资组合建议；通过自动亏损收割服务来进行自动干预。

亚马逊从自己仓库发货的做法可能是最著名的连接的零售商的例子。客户主要通过响应需求的连接与公司进行互动。然而，亚马逊通过"与你类似的客户购买的东西"推荐和自动提供的服务（比如订阅服务，客户可以定期收到牙膏或洗涤剂之类的产品），明显增加了量身定制的服务。

许多连接的零售商通过量身定制的客户体验来创造客户价值。虽然客户可以通过互联网在世界各地购买产品或服务，但是这种选择是让人眼花缭乱的，需要客户花费大量的精力来做出正确的决定。因此，量身定制可以创造很多价值。从食品到化妆品再到宠物用品，数百种产品类别中涌现出了提供定制商品盒订阅服务的连接的零售商。举个以字母B 开头的订阅服务的例子来说明。从 Bad Ass Mom Box（珠宝和美容产品）到 BarkBox（狗玩具和美食）再到 Busy Bee Stationery（文具），它们都有相同的用户体验和连接架构。公司从供应商处购买产品，并将其转化为针对每个客户量身定制的产品组合。

前面我们已经提到过像蓝围裙和 HelloFresh 这样提供量身定制半成品食材盒的零售商。其他几家公司也在这个领域崭露头角，它们试图通过专注于特色菜肴或缩短准备时间来脱颖而出。竞争对手包括 Purple Carrot（纯素食）、Peach Dish（南方菜）、Sun Basket（无麸质饮食）、Green Chef（有机认证）和 Gobble（只需要一个锅和 10 分钟的时间）。

就像一些连接的生产商协调客户以更有效地利用资源一样，一些连接的零售商也有类似的商业模式。像 Zipcar（现在归 Avis Budget 集团所有）这样的汽车共享服务公司就属于这一类。与 car2go 由生产共享汽车的公司运营不同，Zipcar 从不同的制造商那里购买或租赁汽车，提供了更广泛的选择。

Rent the Runway 在一个非常不同的产品类别上采用了类似的商业模式：设计师礼服。因为这些衣服很贵，而且通常只穿一次，它们是资源未得到充分利用的一个很好的例子。有了 Rent the Runway，女性可以租用衣服 4～8 天，价格比购买要低得多。每一款礼服都有两个尺码，以确保合身。顾客可以通过 UPS 退回，Rent the Runway 则负责干洗。

Rent the Runway 和 Zipcar 都在利用一个重要的客户趋势。许多客户真正想要的是获得一种产品或服务的使用权，而不一定是所有权。特别是当需求随着时间的推移而变化时（今天我想驾驶敞篷车，昨天我需要一辆皮卡车，明天我需要一辆小型货车），而且物品非常昂贵，传统上客户的所有需求很难被满足（结果通常只能选择家庭轿车这样的妥协方案）。通过租用而不是销售产品的连接的零售商，客户以合理的价格在他们的需求和解决方案之间实现了更好的匹配。有人可能将这些案例也称为共享经济的实例，但从必须建立连接的交付模型的角度来看，将它们归为连接的零售商更为合适。

有趣的是，一些开始是连接的零售商的公司，如网飞、亚马逊和 Zalando，已经使用它们的客户数据进入电影和自有品牌产品的生产领域，成为连接的生产商。这些公司与终端客户的直接连接让他们比供应商更能深入地了解客户，使这些公司能够成功地逆向整合。总之，要创建一个连接战略，企业可以采用多个连接架构。

专栏 7-1　　　　　　　　　　**电动车和电池共享**

不仅网约车服务改变了城市的交通，一系列自行车和电动车租赁服务也改变了城市的交通。以 Coup 为例，这是一家在柏林和巴黎的电动（机动）车租赁公司，其所有者是德国工程和电子公司博世，该公司是全球最大的汽车零部件制造商之一。用户可以使用 Coup 的应用程序租用一辆电动摩托车（包括一顶头盔）。这些摩托车配备了 GPS，所以它们可以被停放在城市的任何地方。应用程序根据用户使用时间自动扣款。这类共享服务的一个常见问题是，电动车最终会出现在不需要它们的地方，比如周日上午的酒吧前。Coup 将这个问题的解决方案众包。它为愿意将库存电动车运送到所需地点的志愿者提供免费骑行时间。有趣的是，Coup 使用的电动车没有任何来自博世的零件。为了在这个领域更快地发展，博世决定使用中国台湾制造商 Gogoro 生产的踏板车，实质上是要把自己打造成像 Zipcar 一样的网络零售商。反过来，Gogoro 在中国台湾推行连接的生产商战略。该公司在台北销售电动车，而不是出租电动车，并按月收取月订阅费，让骑行者可以在台北各地的充电站更换电池。骑行者可以通过一款应用程序找到充电站并为自己的电池充电。Gogoro 认为，消费者不愿意共享他们的电动车，但愿意共享电池。在充电站为电池充电时，Gogoro 可以在电力需求低的时候利用低电价充电，使成本降低。

连接的做市商

Wealthfront 和 Betterment 积极参与客户投资组合的整合和管理，其他公司则主要负责在客户和供应商之间建立直接联系。例如，LendingTree 是一个在线借贷平台，它将客户与多个有着竞争业务的贷款人连接起来，允许客户根据其需求选择最佳供应商。我们称这些公司为连接的做市商，即在供应商与客户之间建立直接联系，但不参与产品或服务供应的公司。连接的做市商控制从客户到供应商的连接，但是它们不拥有从供应商到客户的回流。因此，连接的做市商依赖现有供应商来满足客户的需求。如图 7-3 所示。

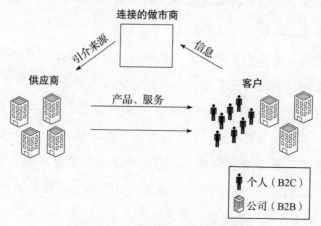

图 7-3 连接的做市商的连接架构

请注意，与直接参与产品处理的连接的零售商不同，连接的做市商与供应商建立联系并潜在地审查供应商，但不干涉供应商如何满足需求，因此既不承担库存风险，也不承担财务风险。此外，可以连接到客户的供应商数量可能非常大，因为连接的做市商不负责持有库存或直接管理从供应商到客户的商品流和服务流。

Wallaby Financial 是金融服务业连接的做市商的另一个例子。如果客户在其平台上绑定了所有的信用卡和会员卡，Wallaby Financial 的应用程序将根据购物的性质和卡的性质为每次购物推荐使用最佳购物卡。因此，公司可以管理客户的各种卡来使支付的费用最小化，同时使奖励和折扣最大化。利用这些数据，Wallaby Financial 建议使用新的信用卡来节省更多的钱。在这种情况下，Wallaby Financial 在信用卡发卡机构与客户之间就建立了新的连接，并获得推荐佣金。

连接的零售商与连接的做市商之间的区别是微妙但重要的。由于完全专注于连接企业与客户（无须购买产品或产能），连接的做市商的资本密集程度较低。再看看亚马逊。作为一个连接的零售商，它的投资主要在仓库和库存。但对于通过亚马逊平台销售的产品，该公司就像一个连接的做市商，接受客户的订单，并将其发给卖家，然后由卖家处理订单。Expedia 和 Priceline 的运营模式与之类似。它们既不拥有飞机，也不承诺购买机票或预订酒店房间，它们只需找到有飞行或住宿需求的客户，然后将他们连接到合适的航空公司或酒店。连接的做市商不仅存在于B2C，也存在于B2B环境中。例如，IronPlanet是一家面向二手建筑、运输和农业设备的连接的做市商，市场价值估计在3000亿美元，IronPlanet将重型设备的工业买家与卖家连接起来。

所以，如果做市商在交易中完全不干涉，那么它创造了什么价值呢？客户直接与供应商联系不是更好吗？做市商可以完成两个功能：

它们可以提供定制的产品或服务，而且不需要在满足需求方面进行任何投资，就可以在更大的规模上这样做。例如，OpenTable可以将寻找餐厅的顾客与美国国内几乎任何一家餐厅连接起来。如果没有它，客户不可能如此方便地有这么多的选择。

做市商可以确保其平台上的产品和服务是高质量的，并由信誉度好的卖家提供。虽然个人客户与企业只有一次互动，但与做市商的互动是频繁的。审查可以由做市商自己完成。例如，Sweeten（一家家装O2O平台），将信誉好的承包商与有重大翻新项目的客户连接起来；Angie's List（一个大众点评网站），通过以前客户完成的声誉评分形成一个列表，上面积累了针对各种本地企业的数百万条评论，并将这些企业与客户连接起来。

鉴于连接的做市商的初始进入成本相对较低，我们已经看到许多初创公司使用这种连接架构。当然，进入成本低的缺点是每个人都很容易进入。因此，我们看到了猖獗的模仿，导致吸引供应商和客户的成本不断上升。做市商必须向供应商提供越来越好的激励，以说服它们加入，同时获取客户的成本正在迅速增加。谷歌和 Facebook 已成为事实上的新"业主"。做市商不需要支付商店或仓库的租金，但它们需要向谷歌和 Facebook 等公司支付获得客户信息的费用。因此，正如一些行业观察家所指出的那样，获取客户成本已成为新的租金。

专栏 7-2　　　　艺术界的潘多拉⊖

全球艺术品每年有超过 600 亿美元的市场，但它非常分散。世界各地的拍卖行和成千上万的艺术画廊都在出售艺术品。这使得价格在 50 ～ 100 000 美元的艺术品的市场非常受地域限制，而且交易效率低下：艺术品收藏者购买他们在家乡画廊找到的艺术品，但通常不知道其他画廊里有什么。Artsy 是一个连接的做市商，通过将画廊和拍卖行与世界各地的艺术品收藏家连接起来，改变了这一现状。现在可以在

⊖ 潘多拉（Pandora），美国流媒体服务商。——译者注

Artsy 上找到来自 8 万名艺术家分布在 2000 多个画廊的 80 万件艺术品。如此海量的艺术品是其他平台不具备的优势。Artsy 的价值不仅在于提供了一个交易平台，而且还可以创建量身定制的客户体验。就像潘多拉对音乐和网飞对电影的分类，Artsy 也创建了一个分类系统（艺术基因组计划，受潘多拉"音乐基因组计划"的启发），它从 1000 多个维度描述一件艺术作品，Artsy 称这些维度为"基因"。这些维度包括历史运动（如当代土耳其艺术、波普艺术）、主题（如食物、阴影）、视觉质量（如不对称、模糊）、媒介和技术（如动画、拼贴）、材料（如铝、宝石）等。这种分类系统允许潜在买家以高度非线性但相关的方式探索可用的艺术品空间。例如，有一个买家很喜欢安迪·沃霍尔（Andy Warhol），但他的作品超出了买家的预算范围。Artsy 便会将这个买家连接到那些与沃霍尔的作品在某些方面有共同之处的年轻艺术家的作品那里，这些作品可能是照片，而不是绘画。

人群协调者

对于像拍摄纪录片这样的项目，还有哪些其他的资金来源？如果是贷款，一个选项是 Prosper。借款人可以申请的贷款为 2000 ～ 35 000 美元，而个人投资者在他们贷款中可以选择只投资 25 美元。Prosper 为借款人和投资者处理贷款服务。

　　连接的做市商在客户与供应商（如银行）之间建立了连接，而 Prosper 则将客户与作为供应商的个人（在这种情况下是资金）连接起来。Prosper 不仅依靠个人作为资金供应商，而且 Prosper 在创建这个资金来源中起到了重要作用。Prosper 因此协调了一群人：它在以前未连接的个体之间创造了新的连接。因此，我们称这种连接架构为人群协调者。正如与连接的做市商一样，这些公司专注于建立连接，而不是直接生产或处理产品。然而，这种连接是在个人和客户之间建立的，而不是在现存的公司与客户之间建立的（见图 7-4）。

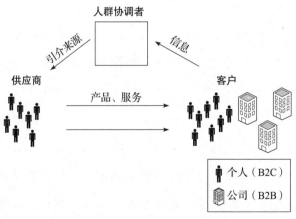

图 7-4　人群协调者的连接架构

　　众筹平台 Kickstarter 也使用了人群协调者的连接架构，它符合图 7-4 所示的特征。它连接那些想要支持项目或想要预购仍处于创作阶段的产品（如北极熊纪录片）的个人。虽然每个人的资金可能都很少，但 Kickstarter 在最初的 9 年里已经筹集了 40 亿美元的资金，支持了超过 15.4 万个项目，所有这些都没有银行或风险投资家的参与。Kickstarter 不仅资助个别项目，而且经常被用来资助初创公司。银行和其他金融机构现在面临来自个人在这些平台上联合起来的竞争。以前银行可能指望人们通过个人或高利率的信用卡贷款为创意项目融资，现在这个市场的一部分已经被众筹所占据。

　　虽然连接的做市商和人群协调者在直接连接客户和供应商方面相似，但在连接架构方面有着关键的区别。通过连接的做市商进行交易的客户很可能会在没有做市商的情况下进行类似交易，尽管可能没那么理想或方便：没有 OpenTable，客户仍然会预订餐厅；没有 Priceline，也会预订酒店房间；没有 Expedia，也会买机票。这些交易之所以会发生，是因为连接的做市商的供应商已经存在。相反，人群协调者通过允许那些本来不是供应商的个人进入市场来创造新的供应。通过在这些个人与客户之间建立连接，人群协调者本质上是在创造一个新的市场。如果没有

Prosper，一个借款人就不可能找到愿意每人给他 25 美元的人；如果没有爱彼迎，一个旅行者不太可能找到一家可以只租一晚的公寓。

对于人群协调者，一个特别的设计考虑是给客户和供应商多少控制权。客户可以选择个人供应商吗？供应商可以自己设定价格吗？总体而言，一个人群协调者的控制能力越强，客户就越能体验到群体作为一个浑然一体的虚拟公司所完成的工作。在使用来福车、优步、Instacart 或其他软件时，产品或服务的个人供应商并不重要。事实上，客户没有办法选择谁来满足这个要求，是人群协调者来制定价格，而不是个人供应商。

相比之下，控制越少，市场就越多样化。当你从一个地方到另一个地方旅行的时候，你可能不重视这种多样性——在短途旅行中，只要有辆干净安全的汽车就行了。但如果选择度假房屋，就不是这么简单了。在这种情况下，客户很看重选择的多样性，因此施加控制（比如，"门必须是白色的，而且每晚收费 100 美元"）对客户和房屋提供商都没有用处。

与其他连接架构一样，我们看到，随着时间的推移，一些公司使用多个架构运作：

爱彼迎最初只是一个平台，旅行者可以在上面通过与房主签订短期租赁协议来找到住处。房主买下这处房产的主要动机是自己使用，接待爱彼迎上的客人，可以帮自己分摊费用。这使得爱彼迎成为一个人群协调者。但爱彼迎上列出的可出租的房屋越来越多地由商业房地产公司拥有，这些公司每年365天都在出租它们的房子，并将爱彼迎作为销售平台。对于这些客户，爱彼迎也正在成为一个连接的做市商。

"所有平台模式之母"是拍卖网站eBay。当一个人在eBay上出售他的旧割草机时，该公司正在充当人群协调者。但是，当本地五金店使用eBay作为分销渠道时，eBay是一个连接的做市商。类似的事情也发生在Etsy身上，它一开始是一个个人可以销售手工制品的市场，现在也提供工厂生产的产品。

专栏7-3　　　不以盈利为目的的人群协调者

连接战略不仅适用于寻求利润的公司，也适用于有其他目的的组织。人群协调者的连接架构可以成为一个强大的工具，将需要帮助的个人与想要提供帮助的个人连接起来。想想DonorsChoose.org这个网站。美国公立学校多年来资金一直非常紧张，从美术用品到书籍和实验室设备，几乎都出现了赤字。有需要的老师可以向DonorsChoose.org提交申请；其工作人员审查并公布这些项目，包括资金使用的详细财务概况；个人和企业捐助者可以挑选项目并捐款；一旦项目获得充分资金，DonorsChoose.org 的工作人员就会购买所要求的物品并将其直接运送到学校。反过来，每个捐助者都从老师那里得到一封感谢信、教室的照片，以及资金使用的报告。自 2000 年以来，DonorsChoose.org 已连接超过 350 万名捐助者资助超过 125 万个课堂项目，共筹得超过 7.66 亿美元的资金。如果没有这个人群协调者，很难想象这些捐助者和教师如何相互连接。

Crisis Text Line 是非营利性领域的另一个人群协调者。Crisis Text Line 将处于危机中的人们与训练有素的志愿危机咨询师连接起来，他们可以通过电脑和互联网在任何地方远程工作。危机干预热线上的所有对话平均持续一小时，都是通过短信进行的，这是许多青少年的首选媒介。Crisis Text Line 为志愿者提供培训，并投入大量资金研发能够自动检查短信严重程度的技术，以便首先对有紧急风险的发短信者做出回应。志愿危机咨询师由全职员工提供支持，这些员工在心理健康或相关领域拥有高级学位。自 2013 年 8 月推出以来，危机短信热线已经向有需要的人发送了超过 8600 万条短信。虽然它开始于美国，但现在该系统已经复制到了加拿大和英国。鉴于其拥有大量数据，可以把危机主题、时间和地理位置联系起来（例如，抑郁峰值出现在晚上 8 点，焦虑峰值出现在晚上 11 点，自残峰值出现在早上 4 点，药物滥用峰值出现在早上 5 点），它将这些匿名信息免费开放给警察部门、学校董事会、政府、医院、家庭、媒体和学界。同样，如果没有这个人群协调者，需要帮助的人与有良好倾听技巧的人之间的连接就不会建立起来。

点对点网络创建者

在我们的小插曲中，简必须解决的另一个问题是，是付钱给酒保，还是把钱还给她的朋友。即使没带钱包，她也可以通过 Venmo 等的服务通过智能手机进行结算。一旦客户在 Venmo 注册，只需一个手机号码或电子邮件地址，个人就可以进行支付，这样无论客户与银行或现有支付基础设施有何关系，都可以进行转账。

Venmo 是一个点对点（P2P）网络创建者。与人群协调者不同的是，一个个体是供应商，另一个个体是客户，对于 P2P 网络创建者来说，个人可能会频繁地变换角色，就像 Venmo 的例子一样。今天，我们通过 Venmo 汇款给你，下个月交易可能会逆转，我们只是同一个支付网络的一部分。PayPal 旗下的 Venmo 现在管理着数十亿美元的资产。

金融服务领域的另一个 P2P 网络创建者是 TransferWise，它专注于国际资金转移。跨境汇款仍然是一项昂贵的业务。TransferWise 意识到，如果住在 A 国的马里奥想向 B 国的马达夫汇出 100 美元，而 B 国的亚米尼想向 A 国的朱安妮塔汇出相当于 100 美元的当地货币，那么这一结果可以通过将马里奥汇出的 100 美元给朱安妮塔，同时亚米尼汇出相当于 100 美元的当地货币给马达夫来实现，这样两次国内转账，比两次国际转账便宜得多。通过在各方之间建立新的连接，TransferWise 大大降低了成本。

P2P 网络创建者是庞大的组织，经常连接数百万人。此外，它们可能会对现有企业构成威胁。银行过去喜欢国内和国际转账业务，因为它们收取高额手续费。现在，这些重要的收入来源正受到巨大影响，因为它们的竞争对手正在使用完全不同的连接架构。

在为第 8 章的收入模型做铺垫之前，我们可以基于如何通过连接架构获利，将 P2P 网络创建者分为三类。

交易或会员收入。虽然不像传统银行那样昂贵，但 TransferWise 确实也收取交易费。尽管 Venmo 对网络内部的交易不收取费用，但它确实从流通的资本中获得利息收入，并在客户使用信用卡付款时收取费用。会员费是

Match.com 等交友网站的收入来源。单身人士向 Match.com 支付一笔费用，在此找到伴侣，最终结为幸福的夫妻，公司则获得了现金。

获取网络信息的费用。只要有内容和流量，就可能有广告收入。YouTube 最初是一个分享视频的 P2P 平台，现在它靠广告赚钱，通过在网上向精确定位的观众销售广告（例如，针对观看特定节目的观众投放特定广告）。领英让人们免费注册，但会向潜在雇主销售信息。

来自互补产品的收入。除了作为一个连接的运动鞋生产商，允许客户上传和分析他们的跑步数据，耐克还通过支持虚拟跑步俱乐部成为点对点网络创建者。这些免费俱乐部创建了一个跑步者社区，他们可以彼此互相鼓励。这对于一家销售运动鞋的公司来说是个好消息。

我们在图 7-5 中说明了点对点网络创建者的架构。个人通过网络相互连接，大多数参与者是金钱或信息的发送者，也是接收者。对于一些网络创建者来说，收入是在网络内部产生的；对于其他网络创建者来说，收入是通过出售网络内创建的信息来产生的。最后，一些网络创建者能够使用他们创建的网络来提高客户对他们提供的其他产品和服务的支付意愿。也就是说，他们利用网络作为补充。

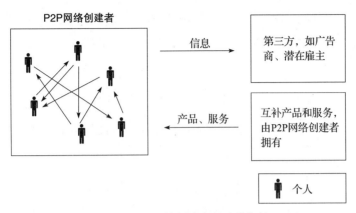

图 7-5　P2P 网络创建者的连接架构

连接战略矩阵

在本书的第二部分中，你了解了如何建立不同的连接的客户体验。我们介绍了其中的四种：响应诉求、量身定制、打卡监督和自动干预。

在本章中，我们介绍了五种不同的连接架构：连接的生产商、连接的零售商、连接的做市商、人群协调者和 P2P 网络创建者。

每种连接架构都可用于创建不同的客户体验。通过四种连接的客户体验和五种连接架构，我们可以创建一个矩阵，列表示客户体验，行表示连接架构（见表 7-1），我们将得到的矩阵称为"连接战略矩阵"。

创建连接战略矩阵有双重目的。首先，它可以作为一个框架，帮助公司了解自己的活动和竞争对手的活动。竞争对手在这个矩阵处于什么位置？新的创业公司出现在矩阵的什么位置？因为企业可以创造不止一种客户体验，可以在不止一种连接架构下运作，因此它们可以在连接战略矩阵的多个单元中发挥作用。其次，连接战略矩阵可作为创新工具。通过浏览每个单元格并问自己，"如果我们公司在这个单元格中有一个战略，它会是什么样的"，你会有一个非常结构化的方式来指导公司的创新过程。我们将在第 10 章的工作坊中更详细地指导公司完成这个过程。

表 7-1 连接战略矩阵

	连接的生产商	连接的零售商	连接的做市商	人群协调者	P2P网络创建者
响应诉求					
量身定制					
打卡监督					
自动干预					

超越平台：五种连接架构

在过去的几年里，我们与之交谈过的许多高管都表达了对自己企业被颠覆的担忧，这些颠覆不是来自竞争对手，而是来自与他们企业运营方式截然不同的公司。动词"优步化"（uberize）已经被收入词典。优步化因其利用数字技术，通过平台和 P2P 互动极大地提高经济系统的效率而受到称赞。除了优步和它的竞争对手，还有 eBay、爱彼迎、Zipcar、Facebook 和我们在本书中讨论的许多其他公司都在践行这一理念。

数字颠覆的威胁是真实存在的，任何拥有出租车或经营酒店的人都可以证明这一点。但在对共享经济和平台过于兴奋之前，我们发现更仔细地研究一下这些现象是有帮助的。在我们看来，细节很重要。因此，尽管优步、爱彼迎和其他公司都是商学院优秀的案例研究对象，但我们不应忽视一个事实，即它们的运营方式非常不同。

在本章中，我们讨论了五种连接架构。

连接的生产商。你不需要成为一个全新的创业公司，也不需要创建一个双边市场来拥有一个连接战略。传统的生产商，如迪士尼、耐克和戴姆勒，通过改变与客户的连接方式以及将偶发性互动转变为持续连接的客户关系，在部分业务中创建了连接战略。

连接的零售商。传统零售商要求客户到它们的商店购物，连接的零售商使客户的选择、订购、付款和收货变得更加方便。从亚马逊卖书、网飞卖电影，到食品杂货零售商的半成品食材盒供应，连接的零售商与客户建立了更加紧密的关系，允许客户定制，并减少了整个客户旅程中的痛点。

连接的做市商。这些公司通过连接供应商与客户来创造市场，如 Expedia、Priceline 和亚马逊。连接的做市商是 21世纪的集市经营者，它们既不买也不卖，它们只是确保正确的买家连接到正确的供应商。这种方式听起来像是每个运营经理的梦想：似乎这种方法几乎不需要任何资本（产能、库存），同时也没有任何运营风险。然而，要想在这种连接架构上取得成功，公司需要同时吸引买家和卖家（创造一个双边市场），并为他们提供流动性和信任。

人群协调者。与连接的做市商不同，这些公司不能依赖于现有的供应商。人群协调者的一个关键任务是动员个人成为供应商，如驾驶服务（优步）、购物服务（Instacart）、住宿（爱彼迎）或众筹（Kickstarter）。关键的挑战是，在供应商数量仍然很少的情况下如何吸引客户。然而，一旦达到临界点，双边网络效应就开始发挥作用：有越多的供应商，就会有越多的客户：来的客户越多，吸引更多供应商加入的动机就越高。

P2P 网络创建者：这些公司形成和组织了用户社区，模糊了消费者和供应商的界限。同样，网络效应在这种连接

架构下的公司的可持续性方面发挥着重要作用。如果用户从
网络中获得的价值随着参与者数量的增加（例如，随着发表
的评论数量的增加）而增加，那么更大的网络将吸引更多的
新用户，从而进一步扩大网络规模。

我们在本章介绍的连接战略矩阵可帮助你思考这些差
异。此外，连接战略矩阵将对连接架构的分析与我们在本书
第二部分介绍的四种连接的客户关系整合在一起。在第 10
章的工作坊中，你将用到这个工具。

最后是关于平台和网络（目前）的发展。连接战略矩阵
右侧的连接架构是通过技术进步实现的，没有移动计算和地
理位置定位，拼车服务就无法实施。随着技术的进一步发
展，我们有理由相信这种增长不会在短期内停止，但这绝不
意味着连接的生产商和连接的零售商是连接战略的巨无霸。
例如，我们开篇提到的迪士尼就是一个连接的生产商，它更
侧重于连接战略矩阵（新连接的客户体验）的列而不是行。
没有"一刀切"的连接战略。

连接战略的收入模型

美国人平均每年在口腔护理上花费 384 美元，包括自付费用和保险自付额。这意味着，在 30 年间，一个人在牙齿护理上需要投入大约 10 000 美元。但是，他们有个普遍的痛点，即预约、就医、等待和护理的痛苦。

现在，假设你是一家口腔护理或医疗设备公司的首席执行官，你的公司发明了一种超级牙刷，可以在牙医或患者发现之前检测牙菌斑和蛀牙。应用本书中的见解，你的公司将变得智能和连接。它能在患者刷牙过程中进行指导，并在需要时安排牙科预约。你的牙刷，让我们称它为 Smart Connect XL3000，它能让客户的牙齿更干净，甚至减少一半的口腔护理成本，并减少预约时间。让我们假设它的成本为 300 美元，使用周期为 5 年，但牙刷头每六周需要更换一次。你会以什么价格出售 Smart Connect XL3000？

在考虑定价方案前，不管它是 500 美元还是 5000 美元，不管它的毛利率是 50% 还是比竞争对手高 20%，请注意，这个问题，不仅仅是关于价格。就我们的联网牙刷或任何连接战略而言，最重要的任务是提出一个收入模型。

我们将"收入模型"定义为一个或多个机制，这些机制通过获取公司产品或服务产生的部分价值来回馈公司。在 Smart Connect XL3000 的案例中，客户可以从更健康的牙齿中受益，从更少的预约中获得便利，以及长期来看，可以节约护理费用。如果牙刷定价为 400 美元，这些价值与客户获益保持一致。客户可能会喜欢你，但你的利润很小，甚至无法收回 XL3000 的所有研发投入。但是，如果定价为 5000 美元，购买的人则会很少，这就破坏了很多潜在价值。

请考虑以下替代固定价格销售牙刷的方案：

牙刷销售价格为 300 美元，然后通过销售牙刷头赚取可观的利润率，用过吉列剃须刀的人都熟悉这种模式。

或者提供订阅模式：每月 10 美元，一个新的刷头会自动发送给客户。在男士面部护理领域，正是这种收入模式催生了 Dollar Shave Club，这家初创公司后来被联合利华以10 亿美元收购。

相比固定价格的销售，以上两种收入模型都具有创新性，但与连接性无关。从吉列和 Dollar Shave Club 的例子可以看出，这两种策略都被现有剃刀公司使用，事实上属于不良连接。

作为具有连接战略的公司，企业与客户应该有着长期的连接关系，包括"高带宽"的信息交换。可以设计哪些收入模型，是偶发性连接公司无法复制的？请考虑以下选项：

你可以向客户收取 10 美分 / 分钟的刷头使用费。由于存在连接，企业便可以将这些信息作为收入模型的一部分。（经济成本可能会抑制刷头的使用率，但可以通过最低消费的形式来保证收入。）

你可以提供一个应用程序，根据客户的刷牙习惯，一次性收费 10 美元，或者按月收取订阅费。这样的打卡监督式连接体验可能会提醒客户，牙刷已经 12 个小时没有使用了，或者提醒客户左侧牙齿刷得太多而右侧刷得不够，或者提醒客户按压刷头力量过大（事实上，欧乐 B 的蓝牙电动牙刷已经存在这样的应用程序）。

你可以在刷头上安装一个传感器，自动检测其老化程度并根据需要提供新刷头，类似于第4章的打印机墨盒案例。

这些收入模型允许你利用你的产品为客户创造一些额外价值（超出了客户目前使用正常牙刷获得的价值）。是否还有更多的选择？到目前为止，我们只考虑了公司与客户之间的价值划分，但其他方面呢？让我们继续集思广益，考虑其他形式的收入模型：

可能有些牙医对 Smart Connect XL3000 不满意，但如果你的牙刷主动预约牙医，他们可能会向你支付推荐费。保险公司会怎样？你可以将牙刷免费提供给保险公司，然后根据过去保险公司赔付给患者的牙齿治疗费用对节省下来钱进行分成。

你还可以收集与刷牙习惯相关的其他数据，包括你的客户几点起床、几点吃早饭以及吃什么。你可以将这些数据出售给星巴克（它可以在客户醒来时提供咖啡）；或者出售给客户的寿险公司，提醒它客户似乎饮食不健康或者正在吸烟，从而为客户创造一个不能再这样做的强烈动机。

最后，通过连接到客户的浴室（不仅仅是嘴巴），你可以成为客户口腔卫生方面值得信赖的伙伴，并让 Smart Connect XL3000 成为其他口腔护理交易的平台，当客户购买牙膏或牙线时赚取推荐费。

这些收入模型已经遍布各个行业，如下面的实例所示。

在药物依从性领域，PillsyCap 开发了一个 49 美元的药瓶，提醒患者服用药物或补充剂。瓶子有一个简单的传感器，检测瓶子何时打开，并连接到云服务器。AdhereTech，另一家采用类似技术的创业公司，将药瓶免费提供给患者。制药公司和药店从药瓶带来药物销售的技术中受益，医院则从减少再入院人数获益。因此，对患者来说，免费可以最大化提高采用程度，增加保险公司、药店、制药公司和医疗保健系统之间共享的价值。但是，怎样才能确定瓶子打开后是否服用了药片？智能药瓶对此无能为力。精神分裂症药物阿立哌唑解决了这个问题，它是一种带有嵌入式传感器的药片，可以跟踪药物是否被摄入。药片的传感器连接到可穿戴设备上，将数据发送到移动应用程序。

另一个案例是 Fitbit。Fitbit 已经成为穿戴设备的强大品牌。Fitbit 由于拥有数以百万计的用户，所以它可以获取海量的数据。例如，它可以访问 1050 亿小时的心率数据、60 亿个夜晚的睡眠数据和 2000 亿分钟的运动数据。尽管所有这些数据都是非个性化的，但它仍然具有巨大的价值。Fitbit 正准备推出用于检测心房颤动、睡眠呼吸暂停和其他疾病的数字健康工具。

本章的目的是讨论连接产品和服务的收入模型。正如前面所述，我们使用医疗保健领域作为案例研究。关于收入模型的书已有很多，所以我们的重点是关注连接战略的独特机会。我们可以将其分成四个步骤。

（1）首先，对收入模型进行简要概述，并指出偶发性互动带来的一些关键限制。

（2）随后，讨论可综合到收入模型的部分连接关系的独特之处。我们指出由连接关系创建的增加值；定价机制的更高维度，它反映了更多的数据可用性；长期连接关系引发的付款时间节点问题。

（3）然后，将这些连接关系的特质与收入模型联系起来，并提出一个框架来探索替代收入模型。

（4）最后，在此框架的基础上，本书阐明选择收入模型的指导原则，并通过其他行业的例子来说明这些原则。

本章最后部分讨论与隐私相关的问题，这在收入模型中尤其重要。因为在这种情况下，客户支付的不是金钱而是数据。

收入模型的简要概述

思考一下定价的四个阶段。第一阶段是讨价还价，目前在许多集市中仍然很常见。供应商不会提前宣布价格，而是与每个潜在客户讨价还价。

第二个阶段是标明价格，例如印在超市商品上的价格，邮购公司目录中列出的价格，或者广告牌上显示的价格。标明价格有助于简化交易，增加了便利性和效率。但是，它们对客户一视同仁。如果赛琳娜愿意花500美元买一部手机，而杰克逊只愿意花300美元，区分两者之间的价格是困难的。同样，如果一个零售商只有一部手机的库存，或许可以考虑提价，但如果价格已经公布，这往往是不可能的。

随着在线市场的到来，我们进入了第三个阶段，动态和智能地调整价格变得可行。作为消费者，我们最熟悉的是航空公司的动态定价，甚至对此感到恼火。从费城到波士顿的航班价格前一天还是99美元，后一天就涨到超过400美元，这反映了订票率，以及航空公司根据我们的飞行时间，判断我们可能是商务旅行者。互联网也促进了更复杂的定价方案，如客户忠诚计划或团购。

然而，尽管存在这些差异，从集市上的讨价还价到动态在线定价，传统的收入模型仍然存在三个局限性。

（1）**信息有限**。鉴于传统（非连接）商业交易的偶发性，买方和卖方必须就价格达成一致，无论是牙刷还是药物。问题是，买方从该交易中获得的价值在当时仍是未知数。新牙刷真的会减少我对牙科服务的需求吗？

（2）**信任有限**。在信息有限的情况下，一种解决方案是推迟最终的定价决定，直到具有足够的信息。例如，牙刷制造商可能要求顾客额外支付 500 美元，如果他想让客户牙齿保持健康。但问题来了，如果出现蛀牙，客户将怪罪于牙刷性能，而制造商将怪罪于客户的不良刷牙行为。由于缺乏监控数据，买方和供应商之间的利益冲突将削弱他们之间的信任。

（3）**交易摩擦**。即使我们能够克服有限的信任，找到一种方法来确定客户的牙齿退化是否由于不良刷牙行为或产品性能差，我们仍然面临客户每天要从牙刷中获得价值的问题。然而，从传统上讲，每天付费是一个非常昂贵的做法。每笔交易都需要支付管理费，这可能会将客户的付款时间与获得价值的时间分开。

随着连接技术的进步，以及本书中连接关系的出现，我们现在已经进入了定价的第四个阶段。

连接战略有哪些新功能

在定价的第四阶段，通过"高带宽"信息交换，促进更持久的连接关系，克服前面谈到的三个局限性。可以使用一系列附加变量作为收入模型的一部分。换句话说，价格现在取决于以前不能用来影响定价决策的因素。这些因素包括以下信息：

- 产品使用的时间和地点；
- 使用者；
- 使用该产品有什么好处；
- 使用过程中出现了什么问题。

简言之，由此产生的收入模型可以针对特定用例进行定制。因此，连接关系有助于企业通过以下方式消除前面讨论的三个局限性：

- 信息有限的问题可以通过推迟付款来解决，直到确认信息后再付款。这种模型是常见的"按业绩付费"。付款延迟，直到用户确认更多获益信息。
- 信任有限的问题也是可以克服的，因为连续的信息流可以监测利益冲突双方采取的行动。这种审核对于按业绩付费模型也是必要的。
- 由于交易成本低，因此没有理由将所有金融交易合并为一次付款，虽然在偶发性关系中这很常见。相反，我们可以使用收入模型，如"按次付费"（每次使用产品时支付）。

因此，连接战略使我们能够创建全新的收入模型。对于我们的牙刷，我们可以让价格成为一个函数，可以根据每天使用牙刷的时间定价，根据使用牙刷（使用不同的刷头）的客户数量定价，或者根据避免蛀牙的程度定价。换句话说，持续的连接和相关的信息流增加了定价空间的维度。包装盒上不再需要有单一的价格；现在有许多不同的收入模型选项，包括针对不同细分市场有不同的选择。

增加的维度起初是有吸引力的，因为它为我们提供了许多杠杆，我们可以用来增加利润。但是，就像任何人从驾驶汽车到驾驶飞机的情况一样，太多的杠杆可能用力过猛。这就提出了一个问题，关于如何形成新的收入模型，特别是利用连接性优势的一般规则是什么？以下六个指导原则将有助于理解以上问题。在下面的内容中将使用牙刷和其他案例逐个解释。

（1）以价值创造为先。

（2）定价取决于业绩。

（3）生态系统比供应链更广泛。

（4）创造价值的同时获得报酬。

（5）将部分创造的价值再投资到长期关系中。

（6）使用用户数据支付取代现金支付时要谨慎。

让我们依次来看一下这些原则。

原则 1：以价值创造为先

为了预防糖尿病造成失明，通常推荐糖尿病患者每年进行眼科检查，这个案例中的费用问题值得我们深思。患者不是特别喜欢这些检查，因为这需要一个耗时的散瞳检查，并获得一张视网膜影像片，最后由眼科医生对照片进行解读。散瞳会使患者在数小时内视力模糊。这时候，患者往往需要有人陪同回家，所以患者无法一个人来看医生。该项检查的遵守率很低，这无疑导致了糖尿病患者失明的高发率，而这本来是可以预防的。

最近的一项研究表明，商业保险公司通常需要为眼科视网膜拍片相关检查报销254美元，其中约26美元是照片费用，其他是设施费和服务费。如果采用远程检查，保险公司将只赔付16美元照片费用，不为照片解读付费。

这个例子表明，许多业务关系正在破坏价值，因为激励机制不一致。例如，在医疗保健中，付款人不是消费者，而保险公司由于缺乏信息，担心过度治疗。在糖尿病案例中，保险公司显然偏好传统检查，因为它价格高、会引发不适，能有效阻止患者使用它（这种偏好是否会适得其反，引发更高赔付，还需要讨论）。因此，它们对现场检查的高额报销感到满意，但对同样有效的远程服务，只会报销一小部分费用。

　　在为任何企业建立收入模型之前，我们应该问自己，什么样的行动可以最大化系统中的价值。一旦我们知道了所需的行动，我们可以考虑一个可以激励此类行动的收入模型。在上述案例中，我们希望糖尿病患者做眼科检查，也希望每个人都刷牙。

　　我们不应该仅仅复制旧的关系，如上述眼科检查案例，保险公司不必担心医生欺诈和患者过度治疗，我们应该利用连接来确保每个参与者都做出价值最大化的决策。例如，在建筑行业，在激励方面，承包商和客户常常存在分歧，承包商通过工时定价获得报酬。这导致承包商花更多时间来完成项目，通过拖延项目来获得更高的费用，最终损害客户的利益。因为客户和承包商之间属于偶发性连接，这种行为对承包商造成的声誉损失很小。这既伤害了客户，也伤害了实际工作做得更好的承包商。现在，连接的做市商，如 Angie's List，通过外包点评的方式连接用户，让承包商的做法更加透明。反复伤害客户的承包商将获得较低的评级，这意味着以后接到项目的机会更少。这将使承包商的激励措施与客户的激励措施更加一致，因为承包商的未来业务取决于他们的声誉。

原则 2：定价取决于业绩

当决定购买产品时，客户面临的不确定性是产品或服务未来的表现。无论是客户还是企业，都不喜欢不确定性，规避不确定性会扼杀交易过程中的额外成本。

按业绩付费是克服这个问题的一种方法。客户无须为产品或服务付费，他们为商家为他们创造的价值付费。在连接的世界中是可能实施的，因为我们有客户的数据。

在牙刷案例中，连接性使我们能够观察牙齿的健康。这使我们能够为客户提供一种性能承诺（"如果你的牙齿不健康，你将不会支付一分钱"），同时也调整对客户的激励（"如果你不刷牙，我们的服务承诺将无法保证"），从而避免前面提到的激励效率低下。

一般来说，我们将按业绩付费的收入模式定义为，按实现特定目标的支付取代固定交易价格的收入模式。以下案例说明了上述模式在各种行业中的应用：

正如我们在第 1 章中指出的那样，罗尔斯－罗伊斯基于每小时飞行的固定成本，向航空公司提供喷气式发动机和配件的更换服务（"按每小时计费"），将收费与业绩挂钩。这是由机载传感器协助跟踪机翼性能来实现的。

电力购买协议（PPAs）广泛应用于太阳能行业。PPAs

不要求客户购买太阳能电池板、支付安装费用，允许客户在期限内以每千瓦时的固定成本锁定这些设备产生的电能，而无须购买设备或预付费用。

一些咨询公司正在从按时计费模式转向风险收费模式，其中部分咨询费用与客户的业绩挂钩。这是满足企业日益增长的、对咨询报告的影响力和产出的期望。

原则 3：生态系统比供应链更广泛

作为一个企业管理者，一般很关注供应链。一般流程是企业购买零部件，制造产品，并将其出售给零售商，然后由零售商销售给消费者。不幸的是，在这个供应链中只有这么多的自由度——可获得收入的地方不多。或者没有？

最新的战略管理研究已将焦点从供应链转移到生态系统。生态系统更广泛，包括对你的产品感兴趣的所有企业、组织和个人实体。要弄清楚在你的生态系统中有哪些实体，自问一下："还有谁会从我们的联网牙刷中获得价值？"对于此产品，清单可能包括以下实体：

- 需要支付口腔护理费用的保险公司。

- 了解新牙刷能够减少蛀牙，并希望出现在牙刷推荐名单上的牙医。

- 牙膏公司。

- 关注孩子刷牙习惯的父母。

- 想要了解消费者习惯的消费产品公司。

- 康卡斯特、Verizon 及其他运营商，它们都乐意了解任何关于消费者的数据。

如果 Smart Connect XL3000 获得成功，以上许多公司实体将受益。换句话说，它们可能愿意与我们分享他们从我们的产品中获得的一些价值。

无数案例表明，企业向客户提供可连接的产品或服务，它们可以从其他渠道获得收益，而不是从客户身上，即羊毛出在猪身上。这些案例包括：

第 7 章中提到的许多 P2P 网络应用程序都是免费提供给客户的。一些公司在这个生态系统中占据两个位置：P2P 网络的组织者，以及在该网络中使用的互补产品的生产商（如耐克）。

在连接的安全领域里，保险公司愿意补贴先进的火灾报警器的安装费用。同样，对于愿意接受驾驶监控的司机，汽车保险公司乐意给他们的保费打折。

在个人健身领域，许多健身房的收入更多是来自保险公司，这比直接从用户的消费中获得收入还要多。

原则 4：创造价值的同时获得报酬

对于大多数产品或服务，客户会持续获益。买一辆车，可以开好几年。买一双跑鞋，可以跑上百英里。然而，在传统偶发性互动中，付款通常在此之前发生。每次跑步支付耐克 5 毛钱是可以的，但是你和耐克可能都不想这样做。更具体地说，耐克在没有付款保证的情况下，不会先给你一双鞋，而且，你可能不喜欢每次跑步都要向耐克付费，除非它是自动化的。

但在连接关系中，这些问题消失了，因为它战胜了有限的信任和付款方面的摩擦、低效。鞋子与手机连接，手机与银行卡连接，每跑 1 英里就自动支付 10 美分，这是"现收现付"模式。

从硬件和软件的发展来看，收入模式已经发生了从前期交易到现收现付模式的巨大转变。许多公司不再购买庞大的服务器，而是从 IBM 或亚马逊云服务（AWS）等供应商处，获取"基础设施的服务"，按小时、周或月支付。客户的关键价值是降低风险。客户从来就不希望容量不足，也不希望有容量闲置。它们也没有前期的设备投入或维护预算，这对于需要云服务的小公司来说，可能很麻烦。另一种收入模式是"平台即服务"，它的收费是按照每个应用程序或每小时消耗的内存来计算的。平台即服务的提供商包括谷歌和微软等。

　　同样地，现在很多软件已经从购买和安装的模式，转变为"软件即服务"模式，客户根据功能和使用情况付费。Salesforce 和 NetSuite 等公司已经采用了这种收入模式。

　　与现收现付相关的模式是"免费增值"模式，其中公司免费提供基本版本，使用高级版本时需要付费，Dropbox 和领英就是这方面的例子。免费版本吸引客户，而高级版本（"存储空间不够？升级！"）用于促进收入。免费增值模式必须在各种功能之间找到适当的平衡点，一方面保证免费功能可以吸引客户（特别是当客户利益随着网络规模的增加而增加时，与领英一样），另一方面保证高级版本的显著改进，以说服一部分客户进行升级。许多在线报纸和杂志就走了这条路线，每个月可以免费阅读一定数量的文章，然后客户必须付费订阅才能访问更多的内容。

　　免费增值模式可行，是因为现在有高效的小额支付系统。随着智能手机应用程序的出现，在应用程序上购买与小额支付模式无缝结合。许多应用程序先免费给用户使用，提供基本服务或体验，然后提示用户花一小笔费用可以解锁优质内容。例如，腾讯推出 QQ 秀，允许用户设计自己的头像，这些头像不仅可以在 QQ 中使用，还可以在群聊、游戏和约会功能中使用。自定义选项包括外貌、服装、珠宝和化妆品，这些物品还可以作为礼物购买后送给其他成员。每个项目只需花费几块钱，但由于 QQ 上的活跃用户超过 8 亿，这创造了一个重要的收入来源。

在线游戏是小额支付的最大领域之一。玩家用金钱购买虚拟货币，并将其用于升级角色，购买特殊武器，访问隐藏级别，并加快游戏进度。虽然个人消费可能很低（只有 99 美分），但总购买量可能是惊人的。据估计，腾讯免费手机游戏《部落冲突》通过在应用程序中内置付费功能，赚取了超过 35 亿美元的收入（几乎没有生产成本）。

小额支付还支持点对点网络中成员之间的支付。打赏或虚拟小费是中国网民越来越流行的一种小额支付方式，对于支持此功能的网站或社交媒体平台，浏览者可以对其感到惊艳的内容虚拟地支付小费。采用这种方式的地方包括博客、视频网站和各种社交媒体平台，如微信。该模式鼓励内容创造者免费提供高质量的内容，希望通过打赏收回开发成本。

无论是免费增值模式还是小额支付模式，都基于一种想法：产品或服务为客户创造价值的同时获得报酬，因为在那个时候，客户通常很乐意付费。

专栏 8-1 微信：中国人生活中不可或缺的操作系统

微信是腾讯旗下的一款应用程序，最初是作为一种通信工具，现在已经发展成为一个无所不包的应用程序，用户可以在上面群聊、打电话、发布个人新闻（包括文字、图片或视频）、阅读新闻、订餐、预约医生、叫出租车、支付商家、给朋友汇款、玩游戏等。微信里包含了超过 58 万个小程序，这些小程序与独立的应用程序类似。现在微信每天有超过 9 亿的活跃用户，平均在微信上花费的时间超过一个小时。腾讯与谷歌、Facebook 等公司的不同之处在于，其大部分收入来自增值服务，而不是来自广告。谷歌的收入中超过 90% 来自广告，腾讯的收入中超过 80% 来自其服务的小额支付，如购买游戏币、游戏道具或者使用微信转账的费用。

原则 5：将部分创造的价值再投资到长期关系中

正如前面所述，连接战略的巨大好处是可以与客户建立长期关系。从经济角度来看，这意味着公司不必与每个客户竞争每笔交易，意味着在销售和营销中降低了客户获取成本。同时，客户不再需要进行费时费力的搜索，就可直接获取高度个性化的产品，这也是一种价值。

为了创造可持续竞争优势，将部分创造的价值重新投入到连接关系中，是非常重要的，这加强了连接战略的重复维度。相比传统的客户忠诚度计划把价值简单地反馈给客户，建立连接战略的企业应该寻求提高定制程度的方案。正如第 5 章中所讨论的，我们可以利用连接创造的价值进一步提升客户的需求层次，并将我们的公司打造成客户值得信赖的伙伴。

作为顾客值得信赖的合作伙伴，我们被授权处理顾客更广泛的需求，无论是口腔护理（Smart Connect XL3000）、教育和职业管理（Lynda.com）或财富管理。这一责任是与持续获益相结合的，以下案例说明了这一点。

交纳年费，成为亚马逊 Prime 会员，最早的好处是很多商品可以免费两天送货。随着时间的推移，亚马逊进行再投资提供其他服务，如访问 Prime 视频（包括授权和原创内容）、Prime 音乐、Prime 阅读、照片存储和其他功能。这些附加服务中的每一项都增加了客户价值，同时也协助亚马逊收集更多客户的信息，以便进一步提供个性化的商品，提高客户忠诚度。在 2018 年，亚马逊共有超过一亿 Prime 会员，涵盖美国一半的家庭。

通过反复互动，订阅服务可以根据客户偏好进行策划和情境化。Birchbox 是一个按月付费的美容产品订阅服务，将其创造的价值投资于数据和分析，以分析客户最关注什么，以便更好地为他们提供未来的商品。这将降低用户流失率，增加客户的生命周期价值，并能提高客户投入额外支出的能力，从而创建一个正反馈循环。

原则 6：使用用户数据支付取代现金支付时要谨慎

几个最成功的连接战略公司有一个看似奇怪的收入模式：免费提供产品。谷歌不收取搜索或 Gmail 的服务费，Facebook 和领英不收取网络服务费，猫头鹰（Tripadvisor）不收取检索世界各地的城市最热门的景点的服务费。但很明显，没有什么是免费的。这些网站的用户不是用钱来支付，他们用的是数据支付。

有人在谷歌上搜索术语"脊柱手术"，很可能他患有背痛。脊柱手术对医院和私人诊所而言是一个利润很高的产品。所以，了解到芝加哥的乔·米勒正在寻找进行脊柱手术的医院，这是医疗机构愿意支付费用的信息。多少钱？按照谷歌 AdWords 清晰的价格体系，每次点击可能需要几美分，但值得注意的是，关于医疗需求的每次点击在 40 美元左右。

如本例所示，一个关键的收入流可以来自广告商，它们可以使用这些数据创建更有针对性、更有效的广告活动。例如，导航应用程序（如 Waze）不收取用户的钱，相反，它们收集用户位置数据，在应用程序中显示最相关的基于位置的广告。这决定了客户开车时在地图上看到的商店、餐馆和其他小型企业。

另一个关键的收入来源来自推荐费。例如，Mint 为客户的个人财务管理提供一站式服务。虽然它是免费的，但 Mint 会根据客户的情况，向金融产品、信用卡产品公司或金融机构推荐，获取推荐费的收入。它还从用户数据的汇总和分发中获得收入。为保护个人隐私，客户的身份标识信息已经删除，但实时的财务数据库在评估消费者趋势方面具有巨大价值。

免费产品的几乎不可抗拒的心理吸引力，加上不透明的数据收集（长期简单陈述为"点击这里接受"），导致一些公司穷尽各种手段来收集更多的数据，出现数据淘金热。像电影《狂野的西部》的剧情一样，通常公司收集数据的唯一目的是转售信息，在我们看来，这种发展从长期来看似乎是不可持续的，如果这种情况转变，我们将非常高兴。不难想象，社会对隐私的担忧日益增加，加上企业为客户提供的能够更多管控他们数据的技术解决方案，将为完全基于数据支付的收入模式的可行性带来阻碍。我们可以想象，在未来，隐私设置将由客户拥有的软件进行审核和协商，该软件位于客户和各种数据收集应用程序之间，而不是隐藏在各种应用程序中。在这一点上，如果客户看到这样做的真正价值，他们就可以一点点地按需要发布他们的个人数据片段。在此技术解决方案出来之前，我们只能提醒那些希望将数据转售作为主要收入来源的公司未来这样做的风险。创造一种真正可持续的收入模式，企业需要在不断变化的雷区中穿行。

首先，正如我们之前所讨论的，连接关系的目标是成为客户可信赖的合作伙伴，相比传统的客户与公司的互动，需要更高的信任度。为此，我们建议公司要帮助客户了解他们支付的价格，即使这不是货币价格，而只是以数据的形式。通过数据支付可以为双方带来价值，但它必须对客户透明，让他们清楚他们所提供的数据将作为何用。

其次，一些技术专家最近提出用"数据支付模型"取代"数据支付收入模型"。此方案的观点是，客户除了用数据获得免费产品和服务，还应该在此基础上获得现金补偿。虽然数据的价格最终应该由市场力量决定，但基于人工智能的企业对数据的几乎无限的需求，使得向客户支付数据补偿的想法存在可能性。Facebook 的 Instagram 的估值约 1000 亿美元，是因为用户已经上传了 200 亿张照片。以下计算并不科学，但这些数字告诉我们一个故事：200 亿张用户生成的图片有 1000 亿美元估值，相当于每张图片 5 美元。拍这些照片的人不应该分得一杯羹吗？诚然，Instagram 做的远不止是积累照片。然而，越来越多的技术专家提出了一个问题，即用户提供的数据应在多大程度上得到补偿。

最后，当客户用钱包付款时，管辖权问题（例如，此类交易的税务影响）是非常清晰的。但是，当客户使用数据支付时，这将变得更加复杂。突然间，诸如数据在哪里处理和存储变得很重要，这反映在 2018 年实施的欧盟《通用数据保护条例》中，该条例适用于所有处理居住在欧盟的客户的个人数据的公司，无论公司位于何处。

当你创建连接战略时，无论销售数据成为收入模型的一部分，还是数据收集纯粹用于拓展你与客户的关系，都需要积极处理这些问题。鉴于这个领域的快速变化，你必须跟得上法规的快速变化，并经常更新你的方案。

在连接战略中设计收入模型的六大原则

在本章开始部分，我们通过提问关于连接产品的合适价格来展开。我们在本章剩余部分的讨论中强调，创建一个好的收入模型不仅仅是"定价"这个词所暗示的那样。相反，设计收入模型的基础是识别生态系统中的各种参与者，了解他们的（通常是相互冲突的）目标，并利用相关技术实现价值最大化。

当信息有限、信任有限、交易摩擦等问题被克服时，价值就会最大化，这便是连接关系的优势。在本章中，我们已经展示了一套原则，这些原则将有助于指导你设计自己的收入模型。

（1）以价值创造为先。

（2）定价取决于业绩。

（3）生态系统比供应链更广泛。

（4）创建价值的同时获得报酬。

（5）将部分创造的价值再投资到长期关系中。

（6）使用用户数据支付取代现金支付时要谨慎。

如何实施这些原则？在第 10 章的工作坊中将为你提供练习，帮助你使用这些原则来创建适合你企业的收入模型。

连接战略的技术基础设施

技术的进步对于连接交付模式至关重要。我们应该如何看待技术带来的巨大机遇？你是否需要成为创建连接战略的技术专家？本章旨在解答以上问题。我们提供了一个有关连接技术的框架供你思考，以便你可以设计和实施连接战略，而不是提供一个全面清晰的技术目录。我们讨论具体的技术来说明一般性原则，并阐明一个永不过时的观点。

与前面的章节一样，我们选择一个场景展开说明。现在我们讨论的重点是家庭自动化和"互联之家"。在三个不同的场景中，比尔、凯拉和阿鲁娜都是晚上回家的，都需要准备晚餐。

　　比尔是一位大学教授。他在回家的路上顺便购了物。到家后，他把四个袋子放在门前，找钥匙打开门。房子里是冰冷的，空调已经开了一整天，因为比尔早上离开时忘了调整模式。比尔没有理会地板上的燕麦屑，他打开咖啡机，才想起来没有咖啡，但忘了把它写在购物清单上，今天那就得喝茶了。在烧水时，他听到了今天在车上听的 NPR 所播放故事的结尾，太糟糕了，他错过了中间部分。然后他坐在沙发上喝茶。之后，他用吸尘器快速地把地板吸了一遍。

　　凯拉是一名走读的高中生。当凯拉回到家时，她妈妈打开门欢迎她。一个小时前下班回家的妈妈为凯拉创造了一个完美的家庭氛围：地板很干净，空调设置为 23 度，空气中弥漫着咖啡的香味。妈妈在下班回家时去杂货店购了物，所以冰箱和厨房储备充足，尽管凯拉和她的朋友们在前一天晚上看电影时吃光了零食。凯拉从冰箱里取出苏打水，坐在电视机前观看她最喜欢的喜剧，同时等着妈妈做好晚餐。

　　阿鲁娜是一位技术高管。当她回到家时，门自动解锁。门上的传感器识别她的身份后会迅速打开，她甚至不需要触摸门。她进入屋子，很高兴地看到扫地机器人 Roomba

已经完成了打扫工作。预编程的 Nest 温度调节器会将温度设置在舒适的 24 度。阿鲁娜喊道，"Alexa，打开咖啡机"，然后前往食品储藏室。多亏了亚马逊的送货上门服务，储藏室内物品丰盛。阿鲁娜抓起一杯饮料，坐了下来。像比尔一样，她一直在车里听广播。但她的情况好点，因为她使用播客，她可以从停止的地方重新开始听。

我们希望，至少在你生命中的某个时刻，你被父母、朋友或配偶宠着，就像凯拉一样。我们假设你的年龄足够大，记得空调遥控挂在墙上的灰色盒内，你已经做完了家务，包括吸尘和杂货店购物这些琐事。我们假设你至少听说过阿鲁娜家庭中的产品：iRobot 的 Roomba、亚马逊的 Alexa、谷歌的 Nest thermostat，以及检测谁在门口的智能家居安全系统。

本章剩余部分将通过以下几种用户体验展开陈述。

就像其他连接的客户关系一样，连接的家庭用户体验由许多单独的部分组成。Alexa、Nest 和 Roomba 执行特定的功能，如制作咖啡、调节温度和吸尘。清洁地板的技术包括扫地机器人 Roomba、传统的真空吸尘器，以及人工拖把和扫帚。在本章的第二节中，我们将讨论如何将连接战略解构成一系列子功能，每个子功能代表一个具体的工作。

一旦我们知道了技术应该实现何种功能，便可以考虑实现这些功能的技术手段。但是，当我们进入实施阶段时，作为管理者，我们应该永远记住，用户从产品功能中获得价值，而不是从其基础技术中获得价值。在第三节中，我们将描述技术堆栈的概念，用户在堆栈顶部看到的是功能，在底部看到的是技术细节。

为实现可支持连接的客户关系的功能，有不少设计选项。咖啡启动可以通过 Alexa 的语音触发，可以利用手机上的应用程序，通过我们到家的时间触发，或者通过传统的开关。我们应该探索各种可能的方案，并从其他行业的解决方案中获得灵感。在第四节中，我们将用分类树作为一个强大的工具来探索设计方案和选项，以帮助我们进行选择。

10 年前，阿鲁娜的场景听起来像是未来派。当时，很少有人能够负担得起这种高科技在家庭的使用，今天这种情况（或者至少部分）是可以广泛实现的。这种变化是由于技术的改进，可以用更低的成本提供更多的功能。正如我们在第五节中讨论的那样，深层技术堆栈不断涌现，使这些在以前不可能实现或过于昂贵的各种新的连接关系成为可能。

解构：将连接战略分解为一系列功能

技术本身没有价值，用户从执行特定功能的技术中获得价值。我们可以把功能看作技术的目的，即该技术解决了什么问题（该技术做什么）。在前面的案例中，凯拉不关心它是智能门还是人脸识别和自动锁，或者是她母亲来开门。同样地，无论是通过 Roomba 还是通过家庭成员使用扫帚或吸尘器来打扫，房子的清洁才是最重要的。

一旦我们弄清楚要什么，就可以把注意力转向如何实现上（技术是如何工作的）。功能由设备、各种软件或遵循工作流程的人员执行。有时这些功能是由客户自己执行，像比尔的场景中，他自己购物和完成所有其他事情。

在连接技术的背景下，当你接触到一组技术流行语时，你应该做的第一件事就是忘记怎么做，而关注要做什么。在所有连接的关系中，我们需要关注更具体的东西，关注能做什么。我们将连接战略解构为一系列必需的子功能来关注。解构一个问题，意味着将其分解成更小的、可管理的子问题，并首先解决这些问题。

以下两个维度有助于解构连接战略。第一个维度包含在连接战略的两个组成部分中：连接的客户关系和连接的交付模型。在第一个维度中，如第 4 章和第 5 章所述，连接的客户关系由四个部分组成。

- **识别**：首先意识到需求。
- **请求**：包括搜索和决策过程、订单的安排和支付的处理。
- **响应**：提供必要的功能，以便客户可以接收产品或服务并体验它，然后连接到任何形式的售后支持。
- **重复**：囊括所有功能，使公司能够从与客户的重复互动中不断学习。

在连接的交付模型中，如第 7 章和第 8 章所述，我们需要做到以下几点。

- 建立支持连接架构的相关功能，保证公司与生态系统中其他供应商之间的连接。例如，这可能是一个连接零售商的供应商链接，也可能是一个个体在点对点网络中的评分。
- 建立和支持既定收入模型的功能。这可能包括测量使用时间，评估产品的性能，或者将数据传输给生态系统中其他成员。

解构的第二个维度是实现每种功能，如识别用户身份、支付款项、运送发货，并将其进一步分解为四种类型的子功能：**感知**、**传输**、**分析**和**反应**。

为什么是这四种类型？为了说明，让我们回到"互联之家"的场景，这次专注于温度调节器。为了避免过度使用空调造成的浪费和不适，这四种功能需要逐一实现。当前温度需要被感知，感知的结果需要从传感器传输到决策单元，该单元对此做出分析和决策，然后有人或某些设备需要通过执行决策做出反应。这将创建一个适用于所有连接技术的反馈回路 STAR：感知（sense）—传输（transmit）—分析（analyze）—反应（react）。

我们现在可以将以上两个维度组合成一个表，如表 9-1 所示。表格的列反映了连接战略的不同元素——识别、诉求、响应和重复，以及连接架构和收入模型。表格的行反映了 STAR 的四个维度——感知、传输、分析和反应。我们可以使用该表对创建连接战略所需的许多子功能进行分类记录，如表 9-1 所示的阿鲁娜的咖啡消费量。

考虑第一列，识别。一个子任务是感知到阿鲁娜只剩下 20 克咖啡了。然后，这个数量信息必须传输到云或边缘计算机（靠近信息源的计算设备）。在那里，它必须进行分析，以回答这个问题：剩下的量是否低于所需的最低量 50 克。最后，系统必须做出响应并启动诉求模块（下一列）来重新订购咖啡。

表 9-1 连接战略的两个解构维度

	诉求					响应		学习和提高	连接架构	收入模型
	识别到需求	搜索及决定	订购	支付	收货	体验	售后			
感知	感知到厨房中咖啡的存量	收集到附近商店的咖啡价格信息	确认有货	检查银行账户余额	到货提醒	感知到用户已到达前门	测量喝第一杯咖啡后用户的心率和瞳孔扩张率	无论何时何地，只要客户喝咖啡，都能识别出来	感知附近的需求	检查咖啡机的功能
传输	发送数据计算信息到计算机系统	发送价格信息到中央计算机系统	发送订单信息到零售商	检查账户状态和订单信息	发送身份信息到中央系统	发送到货信息到中央系统	发送信息到计算机系统算法中	发送身份和偏好信息到中央系统	发送信息到附近的服务器	发送咖啡机的状态信息到咖啡制造商
分析	对比目标数量	查看价格和成本变量，考虑旅行计划中的潜在因素	如果最匹配的产品缺货，找到潜在替代品	寻找潜在的账户超支和可能的忠诚度奖励	确认送货已经得到授权	确认收货人身份	通过心理测量法评估用户对咖啡品牌的喜爱程度	分析咖啡喜好，比如配送时间	评估团购折扣的资格	决定何时更换咖啡机
反应	评估重新订购的时间	激活订购模块	订购特定产品并提供送货地址	执行支付功能	提供连接储藏室或咖啡机的通道	打开门，开始煮咖啡	将结果输入请求模块，帮助咖啡机培训师改进产品	将结果输入重复模块	与零售商协商特价	必要时送咖啡机进行更换

注：每个单元格对应咖啡冲泡场景中的特定子功能，最好逐列阅读该表。

或者考虑最后一列，收入模型。假设咖啡机没有预先向阿鲁娜收取机器费用，而是每日收取费用，其中包括保证机器 100% 正常运转。为了实现这种收入模型，必须连续地感知咖啡机的维护需求。该状态信息必须传输给咖啡机的服务提供商，然后分析这些信息并决定何时更换机器。最后，该公司必须做出反应，一旦出现磨损迹象，就发货更换机器。

如表 9-1 所示，可以使用 STAR 方法将连接战略的每个功能分解为进一步的子功能。当这个解构结束时，你得到一组非常具体的子函数。反过来，每个子功能对应于一个工程问题。换句话说，你有一项工作要做，现在可以看看有什么可用的技术来有效地执行它。

专栏 9-1　将 STAR 方法应用于精神分裂症药物

正如第 8 章所介绍的，2017 年，FDA 批准了首个附带数字摄入跟踪系统的药物，旨在改善患者服用药物的依从性。对于一些精神分裂症患者以及患有其他类似疾病的患者来说，药物依从性是一个重大挑战。系统检测药片何时被服下，然后传输数据。药物阿立哌唑是 Abilify MyCite 品牌旗下的药物 – 设备组合的一部分。

按照本章中的 STAR 方法，我们讨论一下 Abilify MyCite 的连接战略中涉及的识别维度。

- **感知**：每个药片嵌入一个传感器（称为"可摄入性事件标记"），大概只有一粒沙子的大小。当传感器进入胃部接触到胃液时，会被激活。
- **传输**：可摄入性事件标记将信号发送到患者佩戴的贴片式可穿戴传感器，该贴片中的信息被传输到患者的手机上，并上传到基于云的服务器。
- **分析**：公司的软件将药物摄入的相关情况与护理团队建立的药物治疗方案进行比对。
- **反应**：如果出现重大差异，则触发连接战略的下一个步骤——诉求，提醒患者、家庭或护理团队采取纠正措施。

功能由技术堆栈执行

回到阿鲁娜的"互联之家"，让我们来看看她到达时，需要什么设施才能使门方便地打开。我们需要在她的门上安装一个摄像头，通过传输技术来发送视频流，还要有一个计算设备来接收传入的数据，并将信号发送给一个上锁装置来开门或关门。我们可以通过捕捉人们的生物识别特征（面部图像、指纹、眼睛扫描），让他们输入用户 ID 和密码，或者通过感应设备（如钥匙或手机）的接近程度来识别人。如果

我们深入研究人脸识别，选项包括 2D 和 3D 图像处理。在
3D 图像处理中，我们可以进一步区分依赖于无监督深度学
习的人脸识别方法，使用神经网络和其他基于预定义的人脸
几何模式的方法。

　　你可能对基于神经网络的无监督深度学习并不感兴趣，
你只是希望阿鲁娜到达时门是打开的，但对其他人保持关
闭。为了描述底层技术、它们的功能以及它们执行的业务服
务，将技术视为由层次结构组成的堆栈是很有帮助的。

　　技术层位于堆栈的底部。例如，最底部的层级可能是一
个设备到另一个设备的比特的物理传输。这一层级，关注的
是伏特、频率、信号强度或网络拓扑。堆栈中的上一个层级
接受这些给定的功能。当确认比特会以某种方式从一个设备
到另一个设备，便可以将注意力转移到如何创建连接上，这
可能涉及在两个设备间的通信协议。再往上一层级可能涉及
发送者和接收者的地址，以便通过网络发送数据包。堆栈顶
部是最接近最终用户的应用层。

　　堆栈模型的美妙之处在于，用户可以忽略堆栈中的较低
层，就像你可以在不知道内燃机如何工作的情况下驾驶汽车
一样。堆栈创建了清晰的接口和抽象层。作为构建连接战略
的设计者，你可以自行决定进入堆栈的深度。

　　史蒂夫·乔布斯和斯蒂夫·沃兹尼亚克之间的合作说

明，了解技术堆栈的较低层和顶层的区别。在苹果发展的早期，乔布斯对用户体验是富有远见的。他主要关心堆栈的较高层，而沃兹尼亚克是实现这一目标的工程师，这要求他深入研究堆栈较低层的所有技术细节。在乔布斯的整个职业生涯中，他始终关注用户体验，以及从较低层级的工程细节中抽象出来的功能，包括开发标志性产品，如iPod、iPhone 和 iPad。不要误解我们的意思：要实施连接战略，必须有人深入到技术堆栈，但这个人不一定非要是你。

功能可以通过各种技术来实现

从用户体验转为技术细节时，可以选择不同的设计方案，而且总是存在一系列可以实现功能的替代方案。本书不是工程书籍，重点讨论的是堆栈的应用程序级别（"我们如何识别一个人的身份"），其识别逻辑适用于任何级别（"我们如何能在 5 米的距离内以 10 兆每秒的速度传输数据"）。

让我们看看图 9-1 中的一个子功能，并考虑实现此功能的替代方案。再次，让我们选择"身份识别"子功能作为案例，系统地探索我们的设计方案。图 9-1 中的分类树是推进该探索的一个很好的工具。

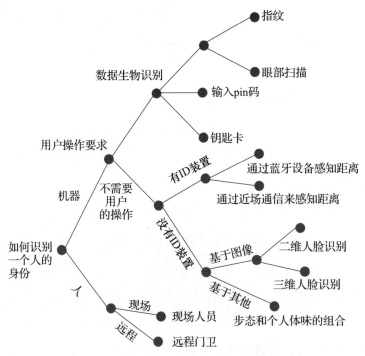

图 9-1　分类树的子功能"身份识别"

分类树提供所有解决方案，并将它们分成不同的类别。当需要身份识别时，我们可以在最高层级区分人工解决方案（门卫或凯拉的母亲）和自动化解决方案。自动化解决方案可以进一步分解为需要用户操作的解决方案和不需要用户操作的解决方案等。

分类树有助于系统地探索技术选项，并与工程师进行讨论。

通过画分类树我们发现，它不仅有助于在内部生成替代方案，还可以观察其他公司是如何执行子功能的，特别是行业外的公司。看下面的案例。撰写本书期间，我一个朋友有一辆宝马需要维修。当维修完成后，宝马经销商打电话给她，通知她汽车已可以取了。她打车到了经销店，被告知车辆确实已经准备了，但是需要工作人员到不远处的停车场开出来。15分钟后，车才姗姗来迟。

关于这个"产品交付"的子功能，还有什么替代的方案吗？我们把目光放到汽车经销店之外，将宝马与Wawa进行对比。Wawa是位于大西洋中部地区、以定制食品而闻名的便利店连锁店，它也执行基本上相同的"产品交付"子功能。顾客可以通过应用程序在Wawa下订购三明治，然后到店取货（如第4章所述，这是响应诉求的客户关系）。顾客希望到店后就可以拿到刚做好的三明治。Wawa使用定位技术，通过顾客手机的位置来估算他的到店时间，尽量在其抵达的时候已准备好新鲜的食品。准点备货，这是一种神奇的用户体验。一家销售5美元三明治的本地便利店，在这项服务上的表现胜过销售5万美元汽车的全球汽车制造商。

为了进一步强调这种方法的力量，让我们回顾本书开头迪士尼的例子。可连接的手环并不是迪士尼发明的，迪士尼在医院中发现了这种技术。我们从中可以得到的认识是，在绝大部分情况下，已经有公司具有很好的方案，实现了特定的子功能，我们的工作是向优秀的公司学习，而不是做重复工作。这个简单的道理，可以从乔布斯的案例中得到体现。乔布斯和沃兹尼亚克推出 Mac 时，图形用户界面并不是他们发明的，而是施乐帕克研究中心（Xerox PACK）发明的，乔布斯就是在那里第一次看到图形用户界面的。它被迅速收录到他的心理分类树，并意识到可以用它做什么。

分类树的输出是一个设计方案列表，如表 9-2 所示。选择列表以设计选项为行，并将它们按一组维度进行比较，在我们的例子中，它们是性能、成本、应用场景和其他说明。为了讲解，我们将性能进一步划分为便利性、安全性 / 可靠性、成本三个子维度。在每个维度中，对每个选项进行对比和评级。

表 9-2　"身份识别"子功能的替代方案

技　　术	便利性	安全性 / 可靠性	成本	应用场景	说明
站在门口	++	++	––	酒店	
远程遥控器	+	+	–	进入楼宇	
钥匙卡	–	++	+	医院	
输入 pin 码	–	–	++	健身房	
指纹	–	++	+	手机	
眼部扫描	––	++	–	全球边境入境	
通过近场通信感知距离	++	+	–	车钥匙	
通过蓝牙设备感知距离	++	+	+	Wawa	
二维人脸识别	++	+	+	酒店	
三维人脸识别	++	?	––	高端手机	

注：++ = 非常好；+ = 好；– = 差；–– = 非常差；? = 未知。

在堆栈中自下而上的创新

观察堆栈如何随着时间变化是很有意思的。先看看亚马逊 Alexa 的案例，它正在帮助阿鲁娜准备咖啡。在堆栈的顶部，在用户体验的层级，需要一个语音识别功能。语音识别是语音软件的功能，如何实现识别是堆栈的较低层级的问题。

如果只看堆栈的顶部，有人会说"语音识别技术已经存在"。没错，因为贝尔实验室和 IBM 等公司在半个多世纪前已经进行了相关实验。例如，在 1962 年在西雅图举行的世界博览会上，IBM 发布了一种名为 IBM Shoebox 的设备，这是一款只有鞋盒大小的计算机，它具有革命的性能。该设备有 10 个小灯和一个麦克风。如果有人说"7"，7 号灯就会亮起；如果有人说"4"，4 号灯会亮起。工程师设想，很快可以通过语音指令拨打电话。

随着计算技术的进步，语音识别得到了进一步发展。在 20 世纪 80 年代出现了一种新的语音识别方法，它使用一种叫作"隐马尔可夫链"的方法。该技术不是简单辨认声音，而尝试将声音与库中的单词进行匹配，它还会通过分析前面的单词来判断后面单词的概率。如果前面的词是"壮丽的"，那么后面的词很有可能是"太阳"而不是"儿子"⊖。Dragon

---

⊖ 英文中太阳和儿子发音相同。——译者注

Dictate 是首个大规模市场应用的语音识别软件，该产品的最初零售价为 9000 多美元，需要大量的培训才能适应用户的声音。该软件在 20 世纪 90 年代不断改善，所需培训更少，售价更低。

随着计算机处理能力的提高，语音识别被内置到更多的应用程序中。你可能会惊讶地发现，在 21 世纪初，微软的 Windows 和苹果的 macOS 操作系统都内置了语音识别。但在当时，你可能没使用该功能，因为它实际上作用不大——不可靠，而且甚至比移动鼠标还要慢。因此，当时语音识别仍然是一个利基市场，受到其有限的准确性的限制。

突破发生在 2010 年，当时谷歌在安卓手机上添加了语音搜索功能，而在同一年 Siri（智能语言助手）作为 iOS 应用程序出现。在互联网的支持下，谷歌和苹果获取了数百万用户数十亿次查询的语音，每个都添加到它们的口语词库中，成就了今天的语音识别技术。

语音识别的故事向我们展示了改进功能、提高准确性、减少培训、降低成本是堆栈底层新技术带来的结果。隐马尔可夫链、更强的处理能力、互联网，这些技术的进步都与语音识别无关，但新技术的出现，影响了堆栈底层，最终在技术层面改进了功能的实现。然后，这种改进通过堆栈自下而上在各个层级展开，从而顶部的应用层以更低的成本实现更强大的功能。近来成功的电动汽车便是一个案例。通过更好的电池技术，电动汽车现在已经成为传统内燃机汽车的竞争对手。驾驶方式并未改变，但由于技术的进步，用户的出行变得更快捷、更低碳化。

堆栈中技术的涌现，以及在应用层启用新功能，对连接战略的设计和初心影响巨大。到目前为止，我们已经描述了自上而下的过程：先创建连接战略的愿景，将其解构为多个子功能，并为每个子功能寻找技术解决方案。创建新的连接战略的另一个方式是自下而上。你碰到每一项新技术时都要问自己："如果我将这项技术引入堆栈，哪种应用将得到显著改进？"这些创新努力，从"如何"开始，寻找性能或成本降低的实质性进步，然后问"什么"问题："这种技术优势带来了什么样的新用户体验？"

专栏 9-2 **数字孪生**

数字孪生（Digital Twin）技术背后的理念看起来很简单：创建物理系统的数字复制品，无论是飞机发动机、风力涡轮机，还是石油钻井平台上的核心设备。数字孪生可用于产品开发（例如，探索风力涡轮机叶片的最佳形状）、产品制造（例如，模拟不同的制造工艺来构建叶片）和产品操作（例如，评估涡轮机的性能）。数字孪生是产品生命周期管理的重要工具，为产品创造了所谓的数字线程。数字孪生的想法并不新鲜，但传感器的改进、边缘计算的发展、人工智能化的数据传输与分析的强大功能，使数字孪生成为真正有价值、低成本、高效益的工具。下面是个有趣的例子，说明堆栈中技术的进步为更高级别的连接战略提供了可能性。

例如，德国机床制造商恒轮（Heller）使用数据采集技术和物联网技术开发了一个系统，支持客户实时接收有关工具性能的信息，并模拟不同的维护策略。这些信息使恒轮能够提供预防性维护，一旦出现意外的机器过载，可立即干预，从而减少客户机器停摆的时间。此外，这些信息使恒轮得以在其收入模式方面进行创新。对于过去无力购买机床的客户，恒轮现在提供了一种新的机床使用模式：它为客户提供机床，确保 24 小时 7 天正常运行时间，按时间收费。

专栏 9-3 **无人机送货**

作为管理者，除了关注我们分类树中的其他公司如何执行特定的子功能（回忆一下有关 BMW 与 Wawa 的讨论），我们的工作是关注环境，寻找可靠新技术，为堆栈自下而上的各个层级提供潜力。无人机在军事环境中有着悠久的历史，包括两次世界大战。随着技术的进步，无人机的性能显著提高，现在出现了开展间谍活动的小型机和发射导弹的大型机，如发射"地狱火"空对地导弹。随着技术的进一步进步，无人机很快变得更小、更可靠、更便宜。在2018年，德国Volocopter公司宣布与迪拜政府达成协议，推出一款多旋翼飞机形式的电动飞行"出租车"。大约在同一时间，互联网巨头亚马逊为无人机送货递交了一系列专利，这表明无人机已经成为UPS和联邦快递卡车的潜在替代品，这在传统卡车难以抵达的地区尤其如此。初创公司Zipline正在试验无人机送货，以向非洲农村的医院补给药物。作为管理者，我们需要不断寻找来自多领域的技术，就像乔布斯在施乐帕克研究中心做的那样。

创新的商业模式并不一定需要新技术

本章的关键观点是，可以在不成为技术专家的情况下创建新的连接战略。你先从企业愿景出发，包括将客户旅程解构成一组子功能，然后使用分类树来广泛探索每个子功能的替代方案。另外，你可能会注意到，技术进步使你能以更低成本、更高效率的方式实现子功能，从而创建新的连接战略。

在填充分类树的过程中，在行业内外寻找各个子功能的最佳实现方案。遵循择优选原则：从酒店行业选择"感知客人抵达"子功能；从手机安全系统中选择"三维人脸识别"子功能；从点对点支付平台上挑选"执行支付"子功能。结合以上技术，重新设计连接战略。

有人可能认为这种依赖现有技术的方法缺乏远见，因为缺乏原创性。它似乎有些规避风险，回避技术突破。我们认为，这种做法是优点而不是缺点。首先，原创性体现在技术的应用上，而不是技术本身。网约车公司没有开发GPS、手机或谷歌地图，但使用这些技术使它们能够创建一个新的连接战略。其次，技术迅速发展，新的解决方案层出不穷。因此，某个子功能的最佳实现方法是一个变动目标。最后，依靠现有技术可以降低风险。技术的发展历史进程充满了失败，其中许多代价沉重，特别是在那些仓促上马技术的企业。

此外，我们的框架是出于全局考量，而不是局限在某个案例上。当亚马逊宣布在2016年前后使用无人机时，商界对此充满敬畏。正如我们在前面提到的，无人机送货确实是实现"快速交付"子功能的新方式。这看起来是原创的，然而，军方长期以来一直依赖无人机技术，无人机已被用于在非洲农村地区补给药物。提供新解决方案的另一种思路是在新的设置中应用现有技术，它并不总是需要新技术。

最后，如果你想要依赖于尚未被发明的技术，建立一种富有远见的连接关系，建议你去图书馆看点科幻小说。这听起来很疯狂？回顾 MagicBand 的历史，我们还没有分享所有细节。我们提到迪士尼高管的灵感来自医院，医院使用手环跟踪阿尔茨海默病患者。但是医院高管是从哪里得到这个想法的呢？

跟踪的故事可以追溯到 20 世纪 60 年代的《蜘蛛侠》漫画，蜘蛛侠被邪恶的敌人 Kingpin 强迫戴上一种"电子雷达式超大的身份手环"。1983 年，新墨西哥州阿尔伯克基的法官杰克·洛夫首度在司法案例中使用监控设备。受到漫画的启发，洛夫设想了被软禁或假释的被告戴上脚踝监视器，就能时刻显示被告所在位置。在首个跟踪设备投入使用前，科幻小说从来不乏类似的描述。继续阅读这些小说和漫画吧，不要错过下一部詹姆斯·邦德的电影。

工作坊 3：创建连接的交付模型

本章工作坊将应用前面三章中介绍的框架，帮助你构建自己的连接交付模型。按照第 9 章的流程，此操作分成三个部分：第一部分，将连接架构与连接的客户体验建立联系，并通过连接战略矩阵将它们与竞争对手进行对比；第二部分，考虑收入模型，即如何获取连接创造的价值；第三部分，对技术基础设施所需的核心技术进行归类。

一旦弄清楚了现状，每一部分都将协助你重新思考当下正在做的事情，并帮助你利用连接战略。

- **第一部分：构建连接架构**

步骤 1：使用连接战略矩阵与竞争对手的活动进行对比。

步骤 2：利用连接战略矩阵中的空单元格为连接战略创造新思路。

- **第二部分：创建收入模型**

步骤 3：厘清现有的收入模型，找出短板，寻找替代方案，并考虑上一步骤中创建的思路。

- **第三部分：选择技术基础设施**

步骤 4：将连接战略分解为技术子功能，并整理每个子功能当前的技术解决方案。

步骤 5：确定新的技术解决方案，并确定新方案中可能的创新。

第一部分：构建连接架构

步骤 1：使用连接战略矩阵与竞争对手的活动进行对比

在此步骤中，使用连接战略矩阵来厘清行业的现状，主要是通过对比你与对手的连接架构以及客户体验来厘清，竞争对手包括长期竞争对手以及行业新进竞争对手。在下一步骤中，你将利用连接矩阵作为创新工具。

首先，需要列一份竞争对手名单，包括新老对手。接下来，转到工作表 10-1 中的矩阵，并定位你的活动，以及你的竞争对手的活动。你与竞争对手正在创造什么样的客户体验？使用什么样的连接架构？

表 10-1　连接战略矩阵：你与竞争对手的活动清单

	连接的生产商	连接的零售商	连接的做市商	人群协调者	P2P 网络创建者
响应诉求					
量身定制					
打卡监督					
自动干预					

此方法对于了解行业新进竞争对手特别有效。通过将上述信息整合到连接战略矩阵中，可以看到新进竞争对手与现有竞争对手的区别，这有助于发现自己的短板。

本章工作坊的首要任务是填写工作表 10-1。请记住，一家公司可以出现在矩阵中的多个单元格中，许多公司尝试创建多个连接的客户体验。同样，虽然大多数公司只在一个架构中运作，但一些公司（如网飞、亚马逊、耐克）运作多个连接架构，如第 7 章所述。

步骤 2：利用连接战略矩阵中的空单元格为连接战略创建新思路

如果给管理者一张白纸，请他们提供创新的思路，结果往往是让每个人都觉得很沮丧。那应该从哪里开始呢？我们发现，连接战略矩阵可以作为指导创新过程的有效工具。

对于连接战略矩阵中的每个单元格，尤其是对于当前处于非活动状态的单元格，请思考以下问题：

- 如果我们试图在这个单元格中进行操作，将带来什么？
- 我们会为客户提供什么样的产品或服务？
- 哪些必要的活动是我们自己参与的，哪些是我们通过业内其他参与者提供的活动？
- 我们必须为其他玩家创建何种联系才能实现这一目标？

本练习迫使你拓宽思维（和现有的商业模式），特别是对于那些现有列之外的单元格（即当前的连接架构）。

创建新思路的第二个起点是思考减少哪些效率低下的活动，思考如果将实体 A 与实体 B 连接（目前未连接），可以创建什么更好的服务。正如第 2 章中杂货店零售行业和网约车行业的例子。随后，如第 7 章所述，通过形成新的连接来提高效率。因此，考虑不同的连接架构时，思考以下问题：

- 目前创建我们的产品或服务时最昂贵的资源是什么？
- 目前造成成本或产能浪费的原因是什么，如果将实体 A 与实体 B 连接，如何减少这种浪费？
- 使用连接架构，如何共享或减少需求波动或其他波动带来的风险？

例如，在酒店业中，连接的生产商最宝贵的资源是酒店房间。当房间空闲时，容量会被浪费，因为没有做到第一时间预订或最后一分钟取消。通过连接空房间与潜在客人，如连接的做市商 Expedia 或人群协调者爱彼迎，可以产生新的预订，从而降低空房率。此外，点对点网络创建者和人群协调者可以在需求高时提供额外的容量。当你考虑新的连接架构或连接的客户体验时，无论是增加支付意愿还是提高效率，都需要明确以下问题：

- 这些参与者之间将会发生怎样的信息流动？（这预示了你可能需要考虑实施的技术基础设施，稍后将进行更深入的分析。）

- 你打算为各种参与者提供什么激励措施？（这意味着不得不采用收入模型，这是工作坊的下一个主题。）

使用工作表 10-2 来跟踪你的工作。

表 10-2　连接战略矩阵：在每个单元格内填写你公司的情况

	连接的生产商	连接的零售商	连接的做市商	人群协调者	P2P 网络创建者
响应诉求					
量身定制					
打卡监督					
自动干预					

第二部分：创建收入模型

步骤 3：厘清现有的收入模型，找出短板，寻找替代方案，并考虑上一步骤中的创建思路

那该如何获利呢？首先，考虑你与客户所有的资金流。以下问题有助思考：

- 客户愿意为什么东西付费？
- 你有哪些不同收入来源（如初次销售、服务）？
- 谁来付费（如用户、第三方）？
- 何时付款？（购买时还是使用时？采用一次性付款还是订阅模式？）

接下来，找出收入模型中低效率的地方（见表 10-2）。你采用该收入模型是因为你相信这是正确的，还是因为你受到与客户连接的限制？回顾第 8 章的讨论，有三个典型的低效率环节：

- 信息有限。
- 信任有限。
- 交易摩擦。

在清楚当前收入模型基础上，思考克服低效率的方法。

例如，在第 8 章中，我们讨论了以下改进：

- 减少缺乏监督导致的效率低下。

- 定价取决于业绩。

- 创造价值的同时获得报酬。

此外，思考一下，除了客户，还有谁会从你的产品中受益，以及生态系统中谁会从你正在收集的数据中受益。通过正确的收入模型，你可能会在整个生态系统中创造价值并从中受益，而不仅仅是从你的客户那里受益。

最后，回顾前面步骤所创建的新思路，并为其寻找收入模型。如果你能够创建新的连接的客户体验（如打卡监督或自动干预），你将实施什么新的收入模型？换句话说，在现有的连接架构中的连接战略矩阵中，如果移动到新的行，那么需要什么新的收入模型？

同样，你还需要考虑更改连接架构将如何影响收入模型。

第三部分：选择技术基础设施

步骤 4：将连接战略分解为技术子功能，并整理每个子功能当前的技术解决方案

到此为止，你可能已经为你的组织创建了一系列连接战

略的思路。请参考第 6 章工作坊中的思路,以及本章工作坊的第一、第二部分中提出的思路。

接下来,我们希望你确认核心技术功能,解构执行连接战略的思路。正如第 9 章所讨论的,解构方法最好根据客户旅程的步骤、连接架构和收入模型的额外维度来完成。然后使用 STAR 方法,将每个功能分解成更小的子功能,确认每个子功能在感知、传输、分析和反应维度分别需要什么。在工作表 10-3 上跟踪分析。

表 10-3 将连接战略解构成子功能

	识别		诉求		响应			重复	连接架构	收入模型
	意识到需求	搜索和决定	订购	支付	收货	体验	售后	学习和提高	生态系统中的各方	货币化连接关系
感知										
传输										
分析										
反应										

工作表 10-3 中的每个单元格对应"待完成的工作"。在工作表 10-4 中,列出可以完成上述工作的可能技术解决方案。请注意,相同的技术可能会解决几个子功能。这不仅应该从公司内部技术专家那里获得信息,还应该观察其他公司是如何解决这个特定子功能的。作为一个起点,这里有一些技术,使用了 STAR 分类技术。

表 10-4　为子功能提供完善的技术解决方案

	识别	诉求			响应			重复	连接架构	收入模型
	意识到需求	搜索和决定	订购	支付	收货	体验	售后	学习和提高	生态系统中的各方	货币化连接关系
感知										
传输										
分析										
反应										

感知技术

这类技术包括世界上所有可以直接测量客户需求或愿望线索的技术，也包括他们表达需求的技术；这类技术包括所有类型的传感器，无论是嵌入在设备或通路中的，还是可穿戴或可摄入的；这类技术还包括手势和语音接口等技术，以及使客户更容易表达其需求的对话平台（如果需求没有被完全理解，可以要求澄清）。同样，增强现实技术和虚拟现实技术使客户能够表达和理解他们的需求和愿望，例如，通过在非常逼真的环境中向客户展示不同的选择。

传输技术

高速互联网以及智能手机的普及，极大地促进了数据的传输。5G 网络切片、低功耗蓝牙、LiFi（可见光无线通信）和 LoRa（远距离、低功耗无线传输）等新发展有望在未来大幅提高效率。我们也会把区块链技术放在这一类别中，区块链能够保证正在传输的数据的真实性，为网络交易增加了重要的信任级别。

分析技术

随着计算、数据存储和传输成本的快速降低，基于云的解决方案对所有组织（无论规模大小）来说都是可以实现并且可以访问的。现在每家公司都可以使用计算基础设施来提供巨大存储空间和强大的计算能力。部分受到这些技术进步的推动，在通过机器学习和深度学习算法分析数据方面取得了显著进展。未来量子计算处理能力的提高将进一步加快这一发展。

反应技术

一系列的技术进步正在不断降低响应客户要求的成本。例如，人工智能的进步使得大规模的自动响应变得越来越个性化。通过为用户提供丰富的信息，AR 也可以是响应诉求的一种非常有效的方式。3D 打印和先进的机器人技术的进步降低了小规模生产的成本，而自动驾驶汽车和无人机的进步正在降低将产品运送给客户的成本。

如果你被困在一个特定的单元格中，使用分类树来头脑风暴并扩大一个特定子功能的一套可能的技术解决方案可能会非常有帮助。回想一下第 9 章的描述，分类树从左侧的"待完成的工作"开始，逐步细化解方案。

在填写工作表 10-4 之后，你需要决定对每个子功能使用哪种特定的技术解决方案。为了使你的决策系统化，可能创建一个选择表会很有帮助，这也已在第 9 章中描述。选择表包含你正在考虑用于子功能的所有可能的技术、你对每种技术的评估，以及各种选择属性，包括便利性、可靠性和成本。

步骤 5：确定新的技术解决方案，并确定新方案中可能的创新

管理者面临的一大挑战是跟上新的技术发展。我们发现，通过询问新技术可以促进哪些子功能来跟踪新技术非常有帮助。因此，当你发现或阅读到新的技术进步时，将它们放入工作表 10-5 中，或者使用你在工作表 10-4 中填写的矩阵。

表 10-5 新的技术解决方案使新的连接战略成为可能

	识别	诉求		响应			重复	连接架构	收入模型
	意识到需求	搜索和决定	订购	支付	收货	体验	售后	学习和提高	生态系统中的各方	货币化连接关系
感知										
传输										
分析										
反应										

与你前面提到的"待完成的工作"进行交叉检查，可以让你深入了解实施连接战略的新方法：当新技术出现时，它可能会启用新的连接关系或新的连接架构。

这种自下而上的创新通常被称为"技术推动"。与其考虑客户的需求，不如从一个可以显著改进功能执行的给定技术开始。然后问问自己，我们如何利用 X 技术。例如，你可能会问："我们的业务如何从自然语言处理或 AR 技术的进步中受益？"将这些问题的答案与新技术一起放在工作表 10-5 中。

工作坊总结

最后一次工作坊结束了！

现在是回顾这些工作坊如何相互连接的好时机。在工作坊 1 中，你勾画出了你所在行业的效率前沿，并将你的公司和竞争对手相对于该效率前沿进行了定位。使用连接战略，你的目标是突破这一前沿，打破愿意支付和履行成本之间现有的平衡。

在工作坊 2 中，我们专注于建立一个连接的客户关系，以使客户能够提高支付意愿。建立这种关系需要深入了解整个客户旅程，以便你更好地识别客户需求，将这些需求转化为所需解决方案的可操作要求，并及时和无摩擦地做出响应。最后，如果你可以重复这种互动多次，你也许能够在客户需求的层级上跃升，让你成为值得信赖的合作伙伴。

在工作坊 3 中，我们专注于如何创建一个连接交付模型，使你能够以较低的履行成本创建连接的客户关系。为此，我们要求你考虑其他行业的不同连接架构、收入模型和技术基础设施解决方案。我们希望这三部曲的工作坊帮助你将连接战略的概念应用到你自己的组织中。

我们尽了最大努力，将我们在教学工作中非常喜欢的互动式知识传授方式付诸实践，但在这种情况下，我们使用的是一种非常古老和非常不相关的技术——一本书。我们已经向你介绍了我们的网站（connected-strategy.com）作为增加连接性的一种形式。该网站有大量的策划内容，还允许你发布问题，并对未来的内容更新和新的播客提出建议。

我们是否成功地指导你完成了工作坊，你是否因此制定了自己的连接战略？如果你已经完成了本书中的三个工作坊中的一部分（理想情况下是全部），那么恭喜你，你完成了作业。给自己一个 A+，我们为你感到骄傲。

如果你通读了本书，但跳过了工作坊（"我以后再看这个部分"），也许感觉被许多问题吓倒，或者只是太忙了，没时间做更多的事，请再多读一页。

在我们看来，简单地阅读相关的连接战略，而不采取任何行动，就像坐在游泳池边想知道你是否应该跳进去。如果是这样，请允许我们给你最后的轻推（不是推），希望你跳进去。

在采取任何旅程中（包括战略规划过程），最难的部分是迈出第一步。本着这种精神，让我们提出一套可供选择的迷你工作坊，并要求你做一个。

这应该不会超过 10 分钟。我们不是让你跳入水中，只是为了弄湿你的脚趾。具体来说，选择以下任务之一，然后自己决定是否要执行更多的操作：

- 与管理团队的同事分享迪士尼 MagicBand 的例子，并讨论你可以从中学到什么。
- 作为一位客户，与一家提供你以前从未经历过的连接关系的公司签约。
- 问问你的一位客户，在与你的公司建立连接的过程中，他有何经历，然后问问自己，你的公司是如何与此客户连接的。
- 与你的员工讨论如何通过更好的连接来提高效率。
- 询问你的研发或技术团队中的成员，了解他们目前正在研究哪些技术，以及如何改善与客户的连接。

瞄准一项任务，看看它能带你走向何方。

抓住连接战略的潜力

在迪士尼主题公园度过一个愉快的家庭日后，你准备返回酒店。就在你离开的时候，你又见到了杰克船长，他喊出了你 6 岁时的小名，并和你挥手再见，这真是神奇的一天。连接关系的力量是值得深思的。放心地在线购买食物而不用担心支付和物流，按照量身定制的路线在公园游玩，在回家的航班上可以浏览大量照片（游玩地点的自动拍照和照片存档，你甚至不必掏出相机）。所有这些都会让你微笑着思考如何使用连接战略为企业创造竞争优势。杰克船长以前从未见过你的孩子，却可以依靠 MagicBand 来识别你全家人的信息。但是，这并不会困扰你，你也不介意迪士尼因其高效运营而获得不错的利润。连接战略的魔力值得你注意。

现在想象一下，杰克船长转向你，用他颇具魅力的海盗声音说："谢谢你的光临，伙计。我刚访问了你的财务账户，发现你的资产配置似乎不够多样化，所以我卖了一些你的债券，为你买了黄金。不然，你还指望一个海盗能买什么呢？"这个完全虚构的例子是连接战略架构的教科书级别的应用。杰克发现了潜在的需求，找到了解决方案，并迅速采取了行动。事实上，他为你创造了自动执行的客户体验。虽然有些人可能会觉得搞笑，但很有可能你不觉得好笑。

在结束部分，我们要重申几个关键点。连接战略并不意味着将每个客户的每个可能的交易都变成自动化程序。自动执行有它的市场，并且被运用在越来越广泛的领域，但对于许多交易来说，客户需要的是帮助他们来做出更好的决策，而不是为他们直接做出决策。连接战略成功的关键在于了解客户的连接偏好。有些客户喜欢自动创建的旅途相册，但有些人可能觉得这是侵犯隐私。有些人喜欢在行为上接受指导，希望被推着走，有些人则觉得这太霸道。没有客户喜欢自己的数据被滥用。技术的进步支持了新的连接战略，这让人备受鼓舞。但一定要抵制住诱惑，不要仅仅因为有能力便放任自己创造连接，不要仅仅因为还没人阻止我们，就不加选择地将客户的数据货币化。请记住，客户第一，而且客户并不都是一样的。建立信任是连接战略的核心，这种信任也很容易丢失。一旦你无法证明你使用客户的数据能为他们创造价值，而且使用方式并无不当，这种信任可能就会崩塌。

我们希望消除另外一个误解：连接战略关键在于技术。显然，技术扮演着重要的角色，而且新技术往往是新的连接战略出现的原因。但正如我们已经详细描述的那样，连接战略从根本上说是一种商业模式创新。你不仅需要采用新技术，还需要改变互动的方式、支付方式，以及重新构建你的公司。建立一个连接战略往往需要重构你的公司，以确保在组织内部以及公司与客户之间的信息互动是无摩擦的。

随着客户支付意愿的提高和公司履行成本的降低，连接战略已经被证明在几个行业中具有真正的颠覆性。对你而言，这是机会也是一个威胁。我们希望前面的连接战略架构和工作坊章节能够帮助你创建自己的连接战略。与此同时，我们希望这些工具将帮助你从新的角度来看待行业的变化，将技术炒作与真正的战略挑战区分开来。

毫无疑问，连接性将继续蓬勃发展。不管你是否正在考虑连接战略，肯定有其他人正在做这方面的思考。我们只看到了连接战略的萌芽！

参考文献

前言

有关迪士尼如何推出 MagicBand 的更多细节，请在我们的网站上收听播客，connected-strategy.com。

有关 MagicBand 的更多信息，请参阅 Austin Carr, "The Messy Business of Reinventing Happiness", *Fast Company*, April 15, 2015, https://www.fastcompany.com/3044283/the-messy-business-of-reinventing-happiness；Christian Terwiesch and Nicolaj Siggelkow, "When Fun Goes Digital: Creating the Theme Park of the Future", *Knowledge@Wharton*, April 4, 2018, http://knowledge.wharton.upenn.edu/article/future-theme-park-innovation/。

有关互联、智能设备如何影响竞争和战略的详细讨论，请参阅 Michael E.Porter and James E.Heppelman, "How Smart, Connected Products Are Transforming Competition," *Harvard Business Review*, November 2014, 64-88。

第 1 章

有关早期互联网背景下战略思考的内容，请参阅 Michael E. Porter,

"Strategy and the Internet", *Harvard Business Review*, March 2001, 62-78; Raphael Amit and Christoph Zott, "Value Creation in E-business," *Strategic Management Journal* 22, no. 6-7 (2001): 493-520; Adrian J. Slywotzky, Karl Weber, and David J. Morrison, *How Digital Is Your Business*? (New York: Crown Business, 2000)。

有关商业模式和商业模式设计的更多细节，请参阅 Raphael Amit 和 Christoph Zott 的以下论著："Business Model Design and the Performance of Entrepreneurial Firms", *Organization Science* 18, no. 2 (2007): 181-199; "The Fit between Product Market Strategy and Business Model: Implications for Firm Performance", *Strategic Management Journal* 29, no.1 (2008): 1-26; "Business Model Design: An Activity System Perspective", *Long Range Planning* 43, no. 2-3 (2010): 216-226。

有关支付意愿的概念以及关于"价值"的基本概念，请参阅 Adam M. Brandenburger and Harborne W.Stuart, Jr., "Value-Based Business Strategy", *Journal of Economics and Management Strategy* 5, no.1(1996): 5-24; 和 Adam M.Brandenburger and Barry J. Nalebuff, *Coopetition*(New York: Doubleday, 1996)。

"客户旅程"已在 Ian MacMillan 和 Rita McGrath 对消费链问题的研究中有论述。请参阅 Ian MacMillan and Rita Gunther McGrath, "Discovering New Points of Differentation", *Harvard Business Review*, July-August 1997, 133-138, 143-145; Rita Gunther McGrath and Ian MacMillan, *The Entrepreneuring Mindset; Strategies for Continuous Creating Opportunity in an Age of Uncertainty* (Boston:Harvard Business School Press, 2000)。

有关"新技术"及其对行业、企业和社会的影响的广泛讨论，请参阅 Erik Brynjolfsson and Andrew McAfee, *The Second Machine Age*: *Work, Progress, and Prosperity in a Time of Brilliant Technologies*

(New York: Norton, 2016); 和 Andrew McAfee and Erik Brynjolfsson, *Machine, Platform, Crowd*: *Harnessing Our Digital Future* (New York: Norton, 2017)。

我们宾夕法尼亚大学的同事特别是 Kevin G.Volpp 和 David A.Asch 的开创性工作，为如何通过将行为经济学原理引入医学领域来重新设计"患者护理"提供了很多深刻见解。我们在其他章节讨论了他们研究中的几个例子。

Christian Terwiesch，David Asch 和 Kevin Volpp 的研究更详细地探讨了引入"互联网医疗保健"的问题。请参阅 Christian Terwiesch, David Asch and Kevin Volpp, "Technology and Medicine: Reimagining Provider Visits as the New Tertiary Care", *Annals of Internal Medicine* 167, no. 11 (2017): 814-815。

有关"巨人的肩膀"这个短语的起源，请参阅 Robert K. Merton, *On the Shoulders of Giants*: *A Shandean Postscript* (New York: Free Press, 1965)。

有关"平台战略"的更多信息，请参阅 Marshall W.Van Alstyne, Geoffrey G.Parker and Sangeet Paul Choudary, "Pipelines, Platforms, and the New Rules of Strategy", *Harvard Business Review*, April 2016, 54-60。

有关 Pokemon Go 活跃玩家的数量，请参阅 Craig Smith, "85 Incredible Pokemon Go Statistics and Facts", DMR, May 5, 2018, https://expandedramblings.com/index.php/pikemon-go-statistics/。

有关 Rolls-Royce 从产品到服务转型的更多详细信息，请参阅 "Power by the Hour", Rolls-Royce, accessed October 24, 2018, https://www.roolsroyce.com/media/our-stories/discover/2017/totalcare.aspx; "Rolls-Royce and Microsoft Collaborate to Create New Digital Capabilities", Microsoft, April 20, https://customers.microsoft.com/en-US/story/rollsroycestory。

第 2 章

有关"美国零售行业"的规模，请参阅"Supermarket Facts", FMI,
accessed June 17, 2018, https://www.fmi.org/our-research/supermarket-
facts。

有关"印度零售市场"的规模和 BigBasket 的信息，请参阅"Why
India's Online Grocery Battle Is Heating Up", *Knowledge@Wharton*,
April 26, 2018, http://knowledge.wharton.upenn.edu/article/indias-
online-grocery-battle-heating/?utm_source=kw_newsletter&utm_
medium=email&utm_campaign=2018-05-01。

Gerard Cachon 和 Christian Terwiesch 有关支付意愿驱动因素的详细分类，
请参阅 *Operations Management* (New York: McGraw-Hill Education,
2016)。

有关"效率前沿"概念的更多信息，请参阅 Michael E. Porter, *Harvard
Business Review*, 11-12, 1996, 61-78。

有关 Blue Apron 的更多信息，请参阅 Sarah Halzack, "Why This Start-
up Wants to Put Vegetables You've Never Heard of on Your Dinner
Table", *Washington Post*, June 15, 2016, https://www.washingtonpost.
com/news/wonk/wp/2016/06/15/why-this-start-up-wants-to-put-
vegetables-youve-never-heard-of-on-your-dinner-table/。

"效率前沿"可以通过更好地匹配供需来进行转移。这也是 Cachon 和
Terwiesch 撰写的著作的标题：*Matching Supply with Demand: An
Introduction to Operations Management* (New York: McGraw-Hill
Education, 2012)。

与 Instacart 高管的访谈，可以访问我们的网站 connected-strategy.com。

如需了解更多关于阿里巴巴的盒马鲜生门店的信息，请参阅 Christine
Chou, "Alibaba to Open 3 Hema Stores in Xian in 2018", Alizila,

January 18, 2018, http://www.alizila.com/alibaba-open-3-hema-stores-
xian-2018/。

在财经领域，"帕累托优势"在效率前沿的概念中也起着重要作用。
在进行金融投资和投资组合时，投资者通常面临风险与收益的权
衡。具有高预期收益的投资，如风险投资或私募股权投资，通常
会带来更大的风险（从技术上讲，收益的标准差较大）。根据诺贝
尔奖获得者哈里·马科维茨（Harry Markowitz）的说法，效率前
沿的特点是，在相同的标准差（风险）下没有其他投资组合能够
实现更高的预期收益。投资者关心投资组合的两个特征：预期收
益（他们希望高一些）和风险（他们希望低一些）。一些投资者可
能更喜欢预期收益率为10%、标准差为4%的组合，而不喜欢预
期收益率为6%、标准差为2%的组合。有些抗拒风险的投资者可
能更喜欢相反的情况。然而，没有一个理性的投资者会喜欢6%
的预期收益率、4%的标准差的组合，而不喜欢10%的预期收益
率、2%的标准差的组合。有人说，后者较前者具有帕累托优势。
因此，效率前沿是不受帕累托优势支配的投资组合。关于基本的
论述，请参阅 H.M.Markowitz，"Portfolio Selection"，*Journal of
Finance*, 7, no.1 (1952): 77-91。

有关优步的动态定价，请参阅 Peter Cohen, Robert Hahn, Jonathan
Hall, Steven Levitt 和 Robert Metcalfe，"Using Big Data to Estimate
Consumer Surplus: The Case of Uber"（NBER Working Paper No.
22627,National Bureau of Economic Research, Cambridge, MA,
September 2016), https://doi.org/10.3386/w22627。

作为精益运营框架的一部分，在 Cachon 和 Terwiesch 撰写的书中讨
论了效率及其与产能利用率的关系：Gerard Cachon and Christian
Terwiesch, *Operations Management* (New York: McGraw-Hill
Education, 2016)。

纽约市出租车运营的所有数据取自纽约出租车和豪华轿车委员会发布的报告，访问于 2018 年 6 月 18 日，http://www.nyc.gov/html/tlc/html/technology/industry_reports.shtml。

所有优步的数据来自我们的同事 Gerard Cachon 撰写的案例研究，"Uber：Charging Up and Down"，沃顿商学院，2018，以及来自 Jonathan V. Hall 和 Alan B. Kruger 的案例研究，"An Analysis for the Labor Market for Uber's Driver-Partners in the United States"(working paper, January 2015), http://arks.princeton.edu/ark:/88435/dsp010z708z67d；Judd Cramer and Alan B. Kruger, "Disruptive Change in the Taxi Business: The Case of Uber"(NBER working paper No. 22083, National Bureau of Economic Research, Cambridge, MA, March 2016), https://www.nber.org/papers/w22083。

在我们的网站上可以找到对 HomeAway 高管的采访，请见 connected-strategy.com。

有关 Goodr 的更多信息，请参阅 Ben Paynter, "This App Delivers Leftover Food to the Hungry, Instead of to the Trash", *Fast Company*, May 3, 2018, https://www.fastcompany.com/40562448/this-app-delivers-leftover-food-to-the-hungry-instead-of-the-trash。

有关平均车辆占用率，请参阅美国联邦公路管理局的《全国家庭旅行调查》，美国交通部联邦公路管理局，访问于 2018 年 6 月 18 日，https://nhts.ornl.gov/。

有关 Match.com 的数据，请参阅 "Match.com Information, Statistics, Facts and History", Dating Sites Reviews, last modified May 28, 2018, https://www.datingsitesreviews.com/staticpages/index.php?page=Match-com-Statistics-Facts-History。

Cachon 和 Terwiesch 在《运营管理》中也讨论了支付意愿的要素。

有关塔吉特的故事，请参阅 Charles Duhigg, "How Companies Learn

Your Secrets", *New York Times Magazine*, February 16, 2012, https://www.nytimes.com/2012/02/19/magazine/shopping-habits.html。

Cambridge Analytica 上关于 Facebook 数据使用的更多信息，请参阅 Matthew Rosenberg, Nicholas Confessore and Carole Cadwalladr, "How Trump Consultants Exploited the Facebook Data of Millions", *New York Times*, March 17, 2018, https://www.nytimes.com/2018/03/17/us/politics/cambridge-analytica-trump-campaign.html。

有关 Google App 使用位置数据的信息，请参阅 Ryan Nakashima, "Google 跟踪你的动作，不管你喜欢与否", AP News, August 13, 2018, https://apnews.com/828aefab64d4411bac257a07c1af0ecb。

有关优步司机是否应被视为员工的讨论，请参阅 Daniel Wiessner, "US Judge Says Uber Drivers Are Not Company's Employees", Reuters Business News, April 12, 2018, https://www.reuters.com/article/us-uber-lawsuit/u-s-judge-says-uber-drivers-are-not-companys-employees-idUSKBN1HJ31I。

有关 Airbnb 与当地城市监管之间的冲突，请参阅 Scott Zamost, Hannah Kliot, Morgan Brennan, Samantha Kummerer 和 Lora Kolodny, "Unwelcome Guests: Airbnb, Cities Battle over Illegal Short-Term Rentals", CNBC News, May 24, 2018, https://www.cnbc.com/2018/05/23/unwelcome-guests-airbnb-cities-battle-over-illegal-short-term-rentals.html。

有关亚马逊 Echo 的录音在一宗谋杀案中的使用，请参阅 Eliott C. McLaughlin, "Suspect OKs Amazon to Hand Over Echo Recordings in Murder Case", CNN, April 26, 2017, https://www.cnn.com/2017/03/07/tech/amazon-echo-alexa-bentonville-arkansas-murder-case/index.html。

第3章

有关电动工具与领带竞争的论点，请参阅 Michael E. Porter, "The Five Competitive Forces That Shape Strategy", *Harvard Business Review*, January 2008, 79-93。

第4章

有关"搜索"的扩展角色（例如在创建和策划产品中）的更多信息，请参阅 Stefan Weitz, *Search* (BROOKLINE, MA: Bibliomotion, 2014)。有关"真正个性化"的更多详细信息，请参阅"Cosmetics Industry in the U.S.—Statistics & Facts", Statista, accessed June 18, 2018, https://www.statista.com/topics/1008/cosmetics-industry/。另请参阅"Shiseido Americas Announces bareMinerals® First Brand to Launch Customized by MATCHCo Technology with the Introduction of the MADE-2-FIT App for iPhone®", Cision PR Newswire, June 20, 2017, https://www.prnewswire.com/news-releases/shiseido-americas-announces-bareminerals-first-brand-to-launch-customized-by-matchco-technology-with-the-introduction-of-the-made-2-fit-app-for-iphone-300476833.html。欲了解更多信息，请参阅 Rina Raphael, "Is Customization the Future of the Beauty Industry?", *Fast Company*, October 14, 2016, https://www.fastcompany.com/3064239/is-customization-the-future-of-the-beauty-industry。有关"3D打印药物"的信息，请参阅 Benedict, "$5K Vitae Industries AutoCompounder Can 3D Print Personalized Drugs in 10 Minutes", 3ders.org, December 15, 2017, https://www.3ders.org/articles/20171215-vitae-industries-autocompounder-can-3d-print-personalized-drugs-in-10-minutes.html。另请参阅"The Future of 3D Printing Drugs in Pharmacies Is Closer Than You Think ", Medical Futurist, May 4, 2017, http://medicalfuturist.com/future-3d-printing-drugs-pharmacies-closer-think/。

有关 "可穿戴传感器的打卡监督" 的更多详细信息，请参阅 "Discover Two New Wearable Technologies " La Roche-Posay, accessed June 18, 2018, https://www.laroche-posay.us/wearable-tech.html; Michael Sawh, "The Best Smart Clothing: From Biometric Shirts to Contactless Payment Jackets", Wareable, April 16, 2018, https://www.wareable.com/smart-clothing/best-smart-clothing。

有关视频游戏的自动干预的更多信息请参阅 Dylan Matthews, " Humans Have Spent More Time Watching Gangnam Style Than Writing All of Wikipedia", Vox, June 7, 2014, https://www.vox.com/2014/6/7/5786480/humans-have-spent-more-time-watching-gangnam-style-than-writing-all。

有关玩家玩《魔兽世界》的时间长度的信息，请参阅 Pin-Yun Tarng, Kuan-Ta Chen 和 Polly Huang, " An Analysis of WoW Players ' Game Hours ", *NetGames 2008*: *Proceedings of the 7th ACM SIGCOMM Workshop on Network and System Support for Games* (2008): 47-52, http://www.iis.sinica.edu.tw/~swc/pub/wow_player_game_hours.html。

有关游戏行业的更多信息，请参阅 Robert Lee Hotz, see Robert Lee Hotz, " When Gaming Is Good for You ", Wall Street Journal, March 13, 2012。有关 "玩家类型" 的分类,请查阅理查德·巴特尔, " Hearts, Clubs, Diamonds, Spades: Players Who Suit MUDs ", Mud.co. uk, August 28, 1996, http://mud.co.uk/richard/hcds.htm。有关 "流动" 的概念，请参阅 Mihaly Csikszentmihalyi, *Flow*: *The Psychology of Optimal Experience* (New York: HarperCollins, 1991)。

在医学上，"自动悬停" 这个术语是由 David A. Asch, Ralph W. Muller,

and Kevin G. Volpp. 发表在《新英格兰医学杂志》上的一篇文章中提出的，请参阅 David A. Asch, Ralph W. Muller, and Kevin G. Volpp, "Automated Hovering in Health Care—Watching Over the 5000 Hours," New England Journal of Medicine 367 (2012): 1-3。

第 5 章

有关美国教师的数量，请参阅 "Fast Facts," National Center for Education Statistics, accessed June 18, 2018, https://nces.ed.gov/fastfacts/display.asp?id=372。

有关可汗学院的更多信息，请参阅 Khan Academy, accessed June 18, 2018, https://www.khanacademy.org/about。

对 Lynda.com 首席执行官的采访，可以在我们的网站 connected-strategy.com 上找到。

由 Christian Terwiesch 和 Karl T. Ulrich 撰写的麦克研究所报告讨论了在线教学的破坏性潜力。请参阅 Christian Terwiesch and Karl T.Ulrich, "Will Video Kill the Classroom Star? The Threat and Opportunity of Massively Open Online Courses for Full-Time MBA Programs", Mack Institute for Innovation Management, July 16, 2014, http://www.ktulrich.com/uploads/6/1/7/1/6171812/terwiesch-ulrich-mooc-16jul2014.pdf。

对 Rosetta Stone 执行官的采访，可以在我们的网站 connected-strategy.com 上找到。

有关人工智能和深度学习的更多信息，请参阅 Robert D. Hof, "Deep Learning: Artificial Intelligence Is Finally Getting Smart", MIT Technology Review, 2013, https://www.technologyreview.com/s/513696/deep-learning/。

有关产品和服务之间连接性的提高，需要组织内部如何变化的深入讨论，请参阅 Michael E. Porter 和 James E. Heppelman，"How Smart, Connected Products Are Transforming Companies"，*Harvard Business Review*, October 2015, 97-114。

有关我们在撰写此书时亚马逊市场份额的更多信息，请参阅 Rani Molla，"Amazon Could Be Responsible for Nearly Half of U.S. E-commerce Sales in 2017"，Recode, October 24, 2017, https://www.recode.net/2017/10/24/16534100/amazon-market-share-ebay-walmart-apple-ecommerce-sales-2017。

关于非依从性哮喘药物的更多信息，请参阅 Aurel O. Iuga and Maura J. McGuire，"Adherence and Health Care Costs"，*Risk Management and Healthcare Policy* 7 (2014): 35-44; *Adherence to Long-Term Therapies: Evidence for Action* (Geneva: World Health Organization, 2013), http://www.who.int/chp/knowledge/publications/adherence_full_report.pdf。

斯坦福大学设计学院 d. Shool 的材料有助于解释"为什么—怎么办"阶梯的框架。请参阅"Welcome"，斯坦福大学设计学院 d. School，访问于 6 月 18 日，2018，https://dschool.stanford.edu/。

有关心脏治疗后药物依从性的研究，参见 Kevin G.Volpp 等人的研究，"Effect of Electronic Reminders, Financial Incentives, and Social Support on Outcomes after Myocardial Infarction"，*JAMA Internal Medicine* 177, no. 8 (June 2017): 1093-1101。

有关网飞的更多信息和网飞流派的列表，请参阅 Rani Molla，"Netflix Now Has Nearly 118 Million Streaming Subscribers Globally"，Recode, January 22, 2018, https://www.recode.net/2018/1/22/16920150/netflix-q4-2017-earnings-subscribers; "Complete Searchable List of

Netflix Genres with Links", Finder, last modified June 6, 2018, https://www.finder.com/netflix/genre-list。

有关经济合作与发展组织指南，请参阅 The OECD *Privacy Framework* (OECD, 2013), http://www.oecd.org/sti/ieconomy/oecd_privacy_framework.pdf。另参阅 Anna E. Shimanek, "Do You Want Milk with Those Cookies? Complying with Safe Harbor Privacy Principles", *Journal of Corporation Law 26*, no. 2 (2001): 455, 462-463。

有关欧盟指南，请参阅 "GDPR Key Changes", EUGDPR，访问于 2018 年 11 月 24 日，https://eugdpr.org/the-regulation/。

第 7 章

有关 car2go 的数据，请参阅 "Get In and Drive Off: Free-Floating Carsharing with car2go", Daimler, accessed June 18, 2018, https://www.daimler.com/products/services/mobility-services/car2go/。有关与宝马 ReachNow 合并的信息，请参阅 Nat Levy, "Car2go and ReachNow Car-Sharing Services to Merge in Deal between Auto Giants Daimler, BMW", Geekwire, March 28, 2018, https:// www.geekwire.com/2018/car2go-reachnow-car-sharing-services-merge-deal-auto-giants-daimler-bmw/。

有关嘉年华奖章的更多信息，请参阅 Brooks Barnes, "Coming to Carnival Cruises: A Wearable Medallion That Records Your Every Whim", New York Times, January 4, 2017, https://www.nytimes.com/2017/01/04/business/media/coming-to-carnival-cruises-a-wearable-medallion-that-records-your-every-whim.html。

有关电动车和电池共享的更多详细信息，请参阅 Bérénice Magistretti, "Gogoro Raises $300 Million for Its Battery-Swapping Technology",

VentureBeat, September 19, 2017, https://venturebeat.com/2017/09/19/gogoro-raises-300-million-for-its-battery-swapping-technology/; Karen Hao, "The Future of Transportation May Be about Sharing Batteries, Not Vehicles", Quartz Media, September 25, 2017, https://qz.com/1084282/the-future-of-transportation-may-be-about-sharing-batteries-not-vehicles/。在我们的网站 connected-strategy.com 的播客上也讨论过自行车共享和电动车共享。

有关艺术界潘多拉的更多细节，请参阅 Molly Schuetz, "New York's Artsy Is Making It Even Easier to Buy Art Online", Bloomberg, March 27, 2018, https://www.bloomberg.com/news/articles/2018-03-27/new-york-s-artsy-is-making-it-even-easier-to-buy-art-online。有关 Artsy 开发的艺术分类方案的更多细节，请参阅 "The Art Genome Project," Artsy, accessed June 18, 2018, https://www.artsy.net/categories; Shahan Mufti, "Artsy's 'Genome' Predicts What Paintings You Will Like", *Wired*, November 23, 2011, https://www.wired.com/2011/11/mf_artsy/all/1/。

有关直接面向消费者的公司的深入讨论，以及客户获取成本的见解，请参阅 Tom Foster, "Over 400 Startups Are Trying to Become the Next WarbyParker.Inside the Wild Race to Overthrow Every Consumer Category", *Inc.*, May 2018, https://www.inc.com/magazine/201805/tom-foster/direct-consumer-brands-middleman-warby-parker.html。

有关 Kickstarter 上的数据，请参阅 "Stats", Kickstarter, accessed November 23, 2018, https://www.kickstarter.com/help/stats。

有关 DonorsChoose.org 上的数据，请参阅 "Impact", DonorsChoose.org, accessed November 23, 2018, https://www.donorschoose.org/about/impact.html。

有关 Crisis Text Line 的更多信息，请参阅 Alice Gregory, "R U There?

A New Counselling Service Harnesses the Power of the Text Message ",
New Yorker, February 9, 2015, https://www.newyorker.com/magazine/
2015/02/09/r-u。有关 Crisis Text Line 上收集到的数据，请参阅
" Crisis Trends ", Crisis Text Line, accessed November 23, 2018,
https://crisistrends.org/。

第 8 章

有关口腔护理的平均支出，请参阅 " U.S. Dental Expenditures: 2017
Update ", American Dental Association, accessed June 18, 2018,
https://www.ada.org/~/media/ADA /Science%20and%20Research/HPI/
Files/HPIBrief_1217_1.pdf?la=en。

有关 Abilify 的更多信息，请参阅 " FDA Approves Pill with Sensor
That Digitally Tracks If Patients Have Ingested Their Medication ",
US Food and Drug Administration, November 13, 2017, https://www.
fda.gov/NewsEvents/Newsroom/PressAnnouncements/ucm584933.
htm。

有关 Fitbit 的更多信息，请参阅 Stephanie Baum, " Fitbit Plans to
Submit Sleep Apnea, AFib Detection Tools for FDA Clearance ",
MedCity News, February 27, 2018, https://medcitynews.com/2018/02/
fitbit-plans-to-submit-sleep-apnea-afib-detection-tools-for-fda-
clearance/。

考虑到传统收入模型的局限性，我们发现 Karan Girotra 和 Serguei
Netessine 的工作具有启发意义。在关于商业模式创新的书中，他
们概述了如何在不确定的环境中创建更强大的商业模式。作者讨
论了如何通过克服低效率来创造价值。请参阅 Karan Girotra and
Serguei Netessine, *The Risk-Driven Business Model:Four Questions*

That Will Define Your Company (Boston:Harvard Business Review Press,2014)。

有关报销视网膜拍片检查的研究，请参阅 David A.Asch, Christian Terwiesch and Kevin G.Volpp, "How to Reduce Primary Care Doctors' Workloads while Improving Care", *Harvard Business Review*, November 2017。

有关 Rolls-Royce 收入模型的更多信息，请参阅 "'Power by the Hour': Can Paying Only for Performance Redefine How Products Are Sold and Serviced?", *Knowledge@Wharton*, February 21, 2007, http://knowledge. wharton.upenn.edu/article/power-by-the-hour-can-paying-only-for-performance-redefine-how-products-are-sold-and-serviced/。

Marco Iansiti 和 Roy Levien 的研究进一步讨论了将重点从供应链转移到生态系统的想法。请参阅 Marco Iansiti and Roy Levien, "Strategy as Ecology", *Harvard Business Review*, March 2004, 68-78, 126。

有关免费增值模式何时以及如何发挥作用的讨论，请参阅 Vineet Kumar, "Making 'Freemium' Work," *Harvard Business Review*, May 2014, 27-29。

关于微信和腾讯的具体情况，请参阅 Eveline Chao, "How WeChat Became China's App for Everything", *Fast Company*, January 2, 2017, https:// www.fastcompany.com/3065255/china-wechat-tencent-red-envelopes-and-social-money。

有关在 App 内购买商品的数据，请参阅 "These 25 Wildly Popular Android Games Are Raking in the Most Cash from In-App Purchases", ZDNet, April 17, 2017, https:// www.zdnet.com/pictures/25-wildly-popular-android-games-raking-in-the-most-cash-from-in-app-purchases/26/。

有关亚马逊 Prime 会员的数量，请参阅 Heather Kelly, "Amazon Reveals It Has More Than 100 Million Prime Members",

CNN Tech, April 19, 2018，http://money.cnn.com/2018/04/18/technology/amazon-100-million-prime-members/index.html。

有关谷歌 AdWords 的价格，请参阅 Elisa Gabbert，"The 25 Most Expensive Keywords in AdWords—2017 Edition!"，*WordStream Blog*, last updated September 12, 2018, https://www.wordstream.com/blog/ws/2017/06/27/most-expensive-keywords。

第9章

Karl T. Ulrich 和 Steven D. Eppinger 关于产品开发的著作，探讨了几种解构方法（两位作者谈到了分解）。在关于概念生成的章节中，这本书提供了一个很好的指南，说明如何根据特定的需求生成大量概念。请参阅 Karl T. Ulrich and Steven D. Eppinger, Product Design and Development, 6th ed. (New York: McGraw-Hill Education, 2015)。

有关将 STAR 方法应用于新型精神分裂症药物的更多详细信息，请参阅 Kanika Monga and Olivia Myrick，"Digital Pill That 'Talks' to Your Smartphone Approved for First Time"，ABC News, November 15, 2017, http://abcnews.go.com/Health/digital-pill-talks-smartphone-approved-time/story?id=51161456。

在表 9-1 中，我们留意到一个"待完成的工作"是"通过心理测量法评估用户对咖啡品牌的喜爱程度"。关于此方面工作，请参阅 Cipresso Pietro, Serino Silvia and Riva Giuseppe，"The Pursuit of Happiness Measurement: A Psychometric Model Based on Psychophysiological Correlates"，*Scientific World Journal* 2014 (2014): 1-15, http://dx.doi.org/10.1155/2014/139128。

Andrew S. Tanenbaum 和 David J. Wetherall 的计算机网络教科书详细讨论了堆栈框架，特别是开放系统的连接模型。请参阅 Andrew S.

Tanenbaum and David J. Wetherall, *Computer Networks*, 5th ed. (Upper Saddle River, NJ: Prentice Hall, 2010). 和 Norman F. Schneidewind, *Computer, Network, Software, and Hardware Engineering with Applications* (Hoboken, NJ: Wiley-IEEE Press, 2012)。

"分类树"也受到了尤里奇和埃平格《产品设计与开发》的启发。它为探索特定设计问题的设计方法提供了一种有效的方法。尤里奇在他的著作《设计：社会中的创意手工》（*Philadelphia: University of Pennsylvania*, 2011）中进一步探讨了以分类树为基础的方法探索设计空间的力量。

克里斯蒂安·特维施（Christian Terwiesch）和卡尔·尤里奇（Karl Ulrich）在《创新竞赛》（Boston: Harvard Business School Press, 2009）中区分了两种类型的创新技术，即内部和外部搜索。外部搜索是关于扫描环境的，以寻找新想法，通常受益于域名套利。一项技术可能在一个行业中已经很成熟，但在另一个行业中仍然没有任何应用。

尤里奇和埃平格在产品设计与开发的背景下，在《产品设计与开发》中讨论了选择表的概念。在决策科学的传统中，根据多个标准，比较一系列决策替代方案的基本方法，通常被称为多属性决策。

关于语音识别的历史，请参阅 Melanie Pinola, "Speech Recognition through the Decades: How We Ended Up with Siri", *PCWorld*, November 2, 2011, https://www.pcworld.com/article/243060/speech_recognition_through_the_decades_how_we_ended_up_with_siri.html。

在《创新竞赛》中，特维施和尤里奇讨论了创新有时由未满足的需求触发，有时一个新的解决方案出现时也会触发。在他们的著作中，作者将创新定义为解决方案和需求之间的新匹配。

有关"数字孪生"的信息，请参阅 Michael Grieves, "Digital Twin: Manufacturing Excellence through Virtual Factory Replication", white paper, 2014, http:// innovate.fit.edu/plm/documents/doc_mgr/ 912/1411.0_Digital_Twin_White_Paper_Dr_Grieves.pdf。

有关 Heller 应用程序的更多背景信息，请参阅"Appsolute Efficiency"，Siemens, accessed October 24, 2018, https://www.siemens.com/customer-magazine/en/home/industry/manufacturing-industry/heller-appsolute-efficiency.html。

有关通过无人机送快递的更多信息，请参阅"Lifesaving Deliveries by Drone", Zipline, accessed June 19, 2018, http://www.flyzipline.com/。

关于 HomeAway 高管的访谈，请见我们的网站 connected-strategy.com。

有关手 Bracelet 监控设备的起源，请参阅 Matt Allyn, "Spider-Man Created the Electronic Bracelet?!", Esquire, May 4, 2007, https://www.esquire.com/news-politics/news/a2164/spiderman022007/。

第 10 章

有关 AR 在传感和响应方面的各种商业用途的精彩讨论，请参阅 Michael E. Porter and James E. Heppelmann, "Why Every Organization Needs an Augmented Reality Strategy", *Harvard Business Review*, November-December 2017, 46-57。

有关区块链技术对信任的影响，请参阅 Kevin Werbach, *The Blockchain and the New Architecture of Trust* (Cambridge: MIT Press, 2018)。

有关 3D 打印对整个经济可能产生的影响，请参阅 Richard D'Aveni, *The Pan-Industrial Revolution*: *How New Manufacturing Titans Will Transform the World* (Boston: Houghton Mifflin Harcourt, 2018)。

推荐阅读

读懂未来 10 年前沿趋势

一本书读懂碳中和
安永碳中和课题组 著
ISBN：978-7-111-68834-1

双重冲击：大国博弈的未来与未来的世界经济
李晓 著
ISBN：978-7-111-70154-5

元宇宙超入门
方军 著
ISBN：978-7-111-70137-8

量子经济：如何开启后数字化时代
安德斯·因赛特 著
ISBN：978-7-111-66531-1

"日本经营之圣"稻盛和夫经营实录（共6卷）

跨越世纪的演讲实录，见证经营之圣的成功之路

书号	书名	作者
9787111570790	赌在技术开发上	【日】稻盛和夫
9787111570165	利他的经营哲学	【日】稻盛和夫
9787111570813	企业成长战略	【日】稻盛和夫
9787111593256	卓越企业的经营手法	【日】稻盛和夫
9787111591849	企业家精神	【日】稻盛和夫
9787111592389	企业经营的真谛	【日】稻盛和夫